O PERCURSO DA INCLUSÃO DE PESSOAS COM DEFICIÊNCIA NA EDUCAÇÃO SUPERIOR

Editora Appris Ltda.
2.ª Edição - Copyright© 2024 da autora
Direitos de Edição Reservados à Editora Appris Ltda.

Nenhuma parte desta obra poderá ser utilizada indevidamente, sem estar de acordo com a Lei nº 9.610/98. Se incorreções forem encontradas, serão de exclusiva responsabilidade de seus organizadores. Foi realizado o Depósito Legal na Fundação Biblioteca Nacional, de acordo com as Leis n°s 10.994, de 14/12/2004, e 12.192, de 14/01/2010.

Catalogação na Fonte
Elaborado por: Dayanne Leal Souza
Bibliotecária CRB 9/2162

C433p
2024

Chahini, Thelma Helena Costa
O percurso da inclusão de pessoas com deficiência na educação superior / Thelma Helena Costa Chahini. – 2. ed. – Curitiba: Appris, 2024.
182 p. : il. ; 21 cm. - (Educação e Direitos Humanos: diversidade de gênero, sexual, étnico-racial e inclusão social)

Inclui referências.
ISBN 978-65-250-6202-0

1. Educação. 2. Inclusão. 3. Ensino superior. I. Chahini, Thelma Helena Costa. II. Título.

CDD – 371

Livro de acordo com a normalização técnica da ABNT

Editora e Livraria Appris Ltda.
Av. Manoel Ribas, 2265 – Mercês
Curitiba/PR – CEP: 80810-002
Tel. (41) 3156 - 4731
www.editoraappris.com.br

Printed in Brazil
Impresso no Brasil

Thelma Helena Costa Chahini

O PERCURSO DA INCLUSÃO DE PESSOAS COM DEFICIÊNCIA NA EDUCAÇÃO SUPERIOR

Appris
editora

Curitiba - PR
2024

FICHA TÉCNICA

EDITORIAL	Augusto Coelho
	Sara C. de Andrade Coelho
COMITÊ EDITORIAL	Ana El Achkar (UNIVERSO/RJ)
	Andréa Barbosa Gouveia (UFPR)
	Conrado Moreira Mendes (PUC-MG)
	Eliete Correia dos Santos (UEPB)
	Fabiano Santos (UERJ/IESP)
	Francinete Fernandes de Sousa (UEPB)
	Francisco Carlos Duarte (PUCPR)
	Francisco de Assis (Fiam-Faam, SP, Brasil)
	Jacques de Lima Ferreira (UP)
	Juliana Reichert Assunção Tonelli (UEL)
	Maria Aparecida Barbosa (USP)
	Maria Helena Zamora (PUC-Rio)
	Maria Margarida de Andrade (Umack)
	Marilda Aparecida Behrens (PUCPR)
	Marli Caetano
	Roque Ismael da Costa Güllich (UFFS)
	Toni Reis (UFPR)
	Valdomiro de Oliveira (UFPR)
	Valério Brusamolin (IFPR)
COORDENAÇÃO DE ARTE E PRODUÇÃO	Adriana Polyanna V. R. da Cruz
PRODUÇÃO EDITORIAL	Bruna Fernanda Martins
REVISÃO	Gisélle Razera
DIAGRAMAÇÃO	Matheus Miranda
CAPA	Isabelle Natal
REVISÃO DE PROVA	Renata Cristina Lopes Miccelli

COMITÊ CIENTÍFICO DA COLEÇÃO EDUCAÇÃO E DIREITOS HUMANOS: DIVERSIDADE DE GÊNERO, SEXUAL E ÉTNICO-RACIAL

DIREÇÃO CIENTÍFICA Toni Reis

CONSULTORES
- Daniel Manzoni (UFOP)
- Belidson Dias (UBC Canadá)
- Jaqueline Jesus (UNB)
- Leonardo Lemos (Unicamp)
- Wanderson Flor do Nascimento (UNB)
- Marie Lissette (The American)
- Guilherme Gomes (PUCRS)
- Cleusa Silva (Unicamp)
- Sérgio Junqueira (Univ. Pontifícia Salesiana-Roma-Italia)
- Alexandre Ferrari (UFF)
- Araci Asinelli (UFPR)
- Fabio Figueiredo (PUCMG)
- Grazielle Tagliamento (USP)
- Magda Chinaglia (Unicamp)
- Miguel Gomes Filho (Faed-UFGD)
- Tereza Cristina (UFBA)
- Jucimeri Silveira (PUC-SP)
- Marcelo Victor (UFMS)
- Cristina Camara (IFCS/UFRJ)
- Vera Marques (Unisinos)
- Antonio Pádua (UFRJ)
- Lindamir Casagrande (UTFPR)
- Mario Bernardo (UFRJ)
- Helena Queiroz (Universidad de La Empresa-Montevidéu)
- Moisés Lopes (UNB)
- Marco José de Oliveira Duarte (UERJ)
- Marcio Jose Ornat (UEPG)

Ao meu marido, Roberto Chahini, e aos meus filhos, Priscila, Miler e Roberta, companheiros de todas as minhas jornadas.

APRESENTAÇÃO

Ao apresentar *O percurso da inclusão de pessoas com deficiência na educação superior*, apresento, também, um pouco da minha trajetória como docente em instituições de educação superior.

Dessa forma, este livro surge a partir de inquietações pessoais e profissionais em relação aos direitos das pessoas com deficiência e/ou com necessidades educacionais específicas, em relação a uma qualificação educacional e profissional que lhes promova o exercício de suas cidadanias. Na condição de docente de educação superior, empreendi um processo de investigação nos anos de 2003 a 2005, em um contexto no qual, apesar da existência de leis que visam à garantia dos direitos das referidas pessoas, não havia, eficazmente, a operacionalização desses, bem como ainda não existia a política de cotas para o ingresso na Educação Superior.

No período mencionado, havia um número, bastante reduzido de discentes com deficiência inseridos nas instituições de educação superior maranhense, bem como carência de docentes especializados nas necessidades educacionais específicas desses alunos; ausência de atendimento educacional especializado; presença significativa de barreiras arquitetônicas e atitudinais, instigando-me a pesquisar quais seriam os desafios a serem superados para que pessoas com deficiência tivessem acesso, permanência e atendimento educacional especializado nas Instituições de Educação Superior de São Luís/MA.

Registra-se que, após a realização da primeira pesquisa mencionada, já foram realizadas mais duas, com o mesmo seguimento. Na primeira, investigou-se um contexto em que poucas pessoas com deficiência encontravam-se inseridas na educação superior, principalmente nas instituições públicas (CHAHINI, 2006). Na segunda pesquisa, investigaram-se as atitudes sociais em relação à inclusão de pessoas com deficiência na educação superior, realizada entre os anos de 2008 a 2010, já com um número maior de pessoas, consideradas, público-alvo da educação especial, inseridas na educação superior, principalmente, por meio da política de cotas, à inserção das referidas pessoas nas instituições de ensino superior (CHAHINI, 2010). Na terceira pesquisa, foi investigada a transição dessas pessoas, da educação superior para o mercado de trabalho formal, realizada nos anos de 2013 a 2015 (CHAHINI, 2015). Portanto, os dados encontram-se apresentados de forma contextualizada.

Neste estudo, abordam-se, especificamente, pessoas com deficiência visual, auditiva e física, justamente por serem as investigadas inicialmente e por serem essas as que ainda se encontram, em maior número, inseridas nas instituições de educação superior e no mercado de trabalho formal, pesquisados.

Sabe-se que as referidas deficiências limitam as pessoas nas possibilidades de acesso e permanência na educação superior e no mercado de trabalho formal devido à falta de recursos materiais e humanos especializados em suas necessidades educacionais específicas, além das barreiras arquitetônicas e atitudinais, presentes desde a Educação Básica. Assim, justifica-se a importância deste estudo em proporcionar reflexões sobre o porquê da necessidade de se assegurar a garantia plena de direitos e oportunidades às pessoas com deficiência nas Instituições de Educação Superior, bem como no mercado de trabalho formal e competitivo.

A relevância da Educação Especial na perspectiva da inclusão educacional e profissional às pessoas com deficiência é inegável, pois a ausência e/ou a carência de educação formal de boa qualidade dificulta e/ou impede o exercício da cidadania de muitas pessoas, consideradas público-alvo da educação especial.

Ao percorrer as páginas desta obra, o leitor será instigado a refletir sobre o que já mudou em relação aos direitos das pessoas com deficiência à qualificação educacional e profissional, e o que ainda precisa ser mudado; qual é o papel da educação superior do século XXI frente às essas mudanças; como as pessoas com deficiência se sentem nesse processo, bem como questionar se nossas atitudes são favoráveis à inclusão, e o que pode ser feito para desconstruir e/ou minimizar os estigmas em relação ao potencial humano das pessoas com deficiência. Enfim, que cada um inicie seu percurso por essa estrada da inclusão social, educacional e profissional das pessoas com deficiência e/ou com necessidades educacionais específicas.

Seja bem-vindo e boa leitura!

A autora

PREFÁCIO

O livro de Thelma Chahini, desde seu título, já representa um convite à leitura.

Assim como ocorreu comigo, suponho que os leitores ficarão desejosos de se apropriarem do texto, seja porque diz a respeito à complexa temática da inclusão de pessoas com deficiência na educação, seja devido a seu recorte pouco comum, o da Educação Superior.

A autora convida-nos a voltar os olhos para o percurso e a aprender com o caminho percorrido. As reflexões que seu trabalho provoca permitem-me afirmar que temos muito a aprender e, principalmente, a fazer para que as letras das leis e de outros documentos oficiais saiam dos textos e se materializem em ações concretas – em diferentes contextos universitários!

Conheci a Dra. Thelma Chahini em São Paulo, em um evento da Associação Brasileira de Psicopedagogia. Após ouvir-me falando sobre inclusão educacional escolar de pessoas com deficiência, gentilmente me convidou para participar, em São Luís/MA, de um evento no qual estava na coordenação.

Sempre serena ao falar e extremamente profissional, em todos os contatos pessoais e virtuais, ela me transmitiu sua enorme preocupação com os direitos das pessoas com deficiência de receberem qualificação educacional e profissional superior. Suas inquietações me envolveram de tal modo que comecei a buscar informações sobre docentes e discentes com deficiência nas Instituições de Ensino Superior (IES), ficando bastante constrangida com a escassez de dados a respeito.

Confirmei o que a autora anuncia desde suas primeiras observações relativas à carência de estudos e de pesquisas sobre o acesso, o ingresso e a permanência de pessoas com deficiência na Educação Superior e no mercado de trabalho formal, principalmente se compararmos com a enorme quantidade de trabalhos existentes quando o foco é a Educação Básica.

Assim, foi com enorme prazer, e não com menor gratidão, que recebi o convite para prefaciar seu livro. Como seria indispensável lê-lo, fiquei contente com a possibilidade de encontrar respostas para as inúmeras dúvidas geradas durante minhas buscas. E as encontrei ao longo da leitura; se não todas, é porque entro em plena sintonia com Thelma Chahini que, como pesquisadora, ainda tem inúmeras inquietações, fontes de motivação para prosseguir seus estudos e nos brindar com novas publicações.

No período de 2003 a 2005, a autora desenvolveu sua primeira investigação, em São Luís, incluindo: um aluno cego, sete com baixa visão, sete com surdez severa e profunda, seis cadeirantes e dez com dificuldades locomotoras, totalizando 31 alunos.

Seu trabalho de pesquisa começou com o questionamento, um a um, de como se sentiam, aspecto que destaco, pela importância da escuta dos próprios Sujeitos.

Dizendo com outras palavras, foi muito louvável a iniciativa de conhecer como se mostrava o reconhecimento de suas singularidades e necessidades especiais/específicas e que se traduziram em sentimentos, expressos nas falas dos discentes.

Sem entrar nos detalhes – porque constam no texto–, de modo geral estavam felizes por terem vencido as barreiras de seus percursos acadêmicos e estarem numa IES. No entanto, verbalizaram suas queixas relacionadas à falta de condições adequadas, sejam de acessibilidade arquitetônica ou de acessibilidade na aprendizagem, por falta de recursos materiais e humanos devidamente qualificados no trabalho, para além da diversidade, em atenção às diferenças.

Além da primeira pesquisa mencionada, ela já realizou mais duas, sendo a última bem recente, pois ocorreu de 2013 a 2015 e diz respeito à transição de pessoas com deficiência, egressas de IES no mercado de trabalho, tema relevante e que, espero, se transforme em outra publicação.

A transversalidade da Educação Especial na perspectiva da Inclusão como apresentada pelo MEC desde o lançamento da Política em 2008, perpassa a Educação Superior com o mesmo direito de apoio especializado a todos os discentes. Os estudos de Thelma

Chahini evidenciam que o referido apoio ainda não foi adequadamente operacionalizado nas IES maranhenses estudadas.

Entendo que o trabalho da autora deve servir como inspiração a pesquisadores de outros Estados brasileiros, para que voltem seu olhar para IES, sejam públicas ou particulares. Os 13 títulos que compõem o capítulo 4 do livro, referente ao processo de inclusão na Educação Superior na percepção de discentes com deficiência, bem como o capítulo 5, sobre o contexto da inclusão na Educação Superior, antes e depois da política de cotas, servem como referenciais para outros estudos exploratórios e que também permitam análises qualitativas dos dados coletados.

Contribuições como esta servem a estudantes e a educadores, inclusive para os profissionais que trabalham no MEC, apontando para a urgência na revisão dos procedimentos que têm sido adotados, ou não, nas IES, de modo que qualquer pessoa com deficiência exercite seu direito de aprender e participar para a construção de uma sociedade inclusiva e mais justa.

Profª Drª Rosita Edler Carvalho
Doutora em Educação (UFRJ)
Mestre em Psicologia (Fundação Getúlio Vargas)
Pedagoga, psicóloga, psicopedagoga, neuropsicóloga
Foi coordenadora de Educação Especial na Secretaria de Estado de Educação do Rio de Janeiro (1975 a 1980), diretora do Instituto de Psicologia da UERJ (1980 a 1984) e secretária nacional de Educação Especial no MEC (1992 a 1994)
Atualmente é pesquisadora em aprendizagem humana na inclusão escolar

LISTA DE SIGLAS

ABNT	-	Associação Brasileira de Normas Técnicas
CAP	-	Centro de Apoio Pedagógico
CAS	-	Centro de Apoio Pedagógico para Atendimento às Pessoas com Surdez
CEB	-	Câmara de Educação Básica
CNCD	-	Conselho Nacional de Combate à Discriminação
CNE	-	Conselho Nacional de Educação
CONADE	-	Conselho Nacional dos Direitos da Pessoa Portadora de Deficiência
CORDE	-	Coordenadoria Nacional para Integração da Pessoa Portadora de Deficiência
FLCB	-	Fundação para o Livro do Cego no Brasil
GM	-	Gabinete do Ministro
IBC	-	Instituto Benjamin Constant
IES	-	Instituição de Educação Superior
IES/MA	-	Instituição de Educação Superior de São Luís-Maranhão
IESs	-	Instituições de Educação Superior
IFESs	-	Instituições Federais de Ensino Superior
INEP	-	Instituto Nacional de Estudos e Pesquisas Educacionais

INES	-	Instituto Nacional da Educação dos Surdos
LDB	-	Lei de Diretrizes e Bases para a Educação Nacional
LIBRAS	-	Língua Brasileira de Sinais
MEC	-	Ministério da Educação
NAAH/S	-	Núcleo de Atividades de Altas Habilidades/Superdotação
OIT	-	Organização Internacional do Trabalho
PCNs	-	Parâmetros Curriculares Nacionais
SEESP	-	Secretaria de Educação Especial
SESu	-	Secretaria de Educação Superior
SIGAA	-	Sistema Integrado de Gestão de Atividades Acadêmicas
SISU	-	Sistema de Seleção Unificada
UERJ	-	Universidade Estadual do Rio de Janeiro
UFMA	-	Universidade Federal do Maranhão
UNESCO	-	Organização das Nações Unidas para a Educação, a Ciência e a Cultura
UNIMONTES	-	Universidade Estadual de Montes Claros

SUMÁRIO

CONSIDERAÇÕES INICIAIS..19

CAPÍTULO 1
EDUCAÇÃO ESPECIAL: DA EXCLUSÃO À INCLUSÃO?......................27

1.1 Breve histórico da educação especial no Brasil e no Maranhão 34
1.2 Direitos e garantias das pessoas com deficiência à qualificação educacional 43
1.3 Perspectivas e expectativas da educação inclusiva no século XXI 65
1.4 O ideal e a realidade da educação especial na perspectiva da inclusão 70

CAPÍTULO 2
A INCLUSÃO NO CONTEXTO DA EDUCAÇÃO SUPERIOR......................79

CAPÍTULO 3
O PROCESSO DE INCLUSÃO NA EDUCAÇÃO SUPERIOR NA PERCEPÇÃO DE DISCENTES COM DEFICIÊNCIA..97

3.1 Sentimentos dos discentes com deficiência na educação superior 97
3.2 O processo de inserção nas IES 100
3.3 A escolha do curso universitário 104
3.4 Adequação do curso em função da deficiência 107
3.5 O exercício da profissão 109
3.6 Mediação no processo ensino-aprendizagem 111
3.7 Recursos materiais e humanos nas IES 115
3.8 Dificuldades em relação ao acesso e à permanência 117
3.9 Sugestões às aulas ministradas na educação superior 122
3.10 O preparo das IES ao acesso e à permanência de discentes com deficiência 125
3.11 Dificuldades da permanência na educação superior dos alunos com deficiência sensorial e física 127
3.12 Direitos à qualificação educacional e profissional enquanto discentes com deficiência 130
3.13 A viabilização do acesso e da permanência na educação superior 132

CAPÍTULO 4
O CONTEXTO DA INCLUSÃO NA EDUCAÇÃO SUPERIOR ANTES E APÓS A RESERVA DE VAGAS PARA O ACESSO DE DISCENTES COM DEFICIÊNCIA..................137

CAPÍTULO 5
OS DESAFIOS DA EDUCAÇÃO SUPERIOR EM RELAÇÃO À QUALIFICAÇÃO PROFISSIONAL DE PESSOAS COM DEFICIÊNCIA............153

CONSIDERAÇÕES FINAIS..................167

REFERÊNCIAS..................175

CONSIDERAÇÕES INICIAIS

A inclusão de discentes com deficiências sensorial e física nas Instituições de Educação Superior (IES) possibilita a redução de espaços excludentes, pois a maioria dessas pessoas não tem acesso à Educação Superior, em decorrência de, dentre outros fatores, carência de Educação Básica de boa qualidade, ficando essas impossibilitadas de usufruírem da garantia de seus direitos como cidadãs e, consequentemente, de se inserirem no mercado de trabalho formal.

Compreende-se por necessidades educacionais especiais/específicas a dificuldade acentuada de aprendizagem e/ou limitações no processo de desenvolvimento que dificultem o acompanhamento das atividades curriculares, relacionadas às condições, às disfunções, às limitações ou às deficiências.[1]

Sobre o entendimento por pessoa com deficiência, o Decreto nº 7.612/2011, esclarece que são consideradas pessoas com deficiência as que possuem impedimentos de longo prazo de natureza física, mental, intelectual ou sensorial, os quais, em interação com diversas barreiras, podem obstruir sua participação plena e efetiva na sociedade em igualdades de condições com as demais pessoas.[2]

Esclarece-se que "desafio", neste livro, é compreendido no sentido de "ter que superar dificuldades, obstáculos" e "acesso", mencionado ao longo deste estudo, se refere à "necessidade de luta para alcançar um objetivo"[3], os quais, no decorrer do texto, correspondem à luta das pessoas com deficiência para ingressarem nas IES, por meio da aprovação no exame vestibular, e com as condições de acessibilidade que

---

[1] BRASIL. Ministério da Educação. Secretaria de Educação Especial. **Diretrizes nacionais para a educação especial na educação básica**. Brasília, DF, 2001a.

[2] BRASIL. **Decreto nº 7.612, de 17 de novembro de 2011**. Dispõe sobre o Atendimento Educacional Especializado, prevendo estruturação de Núcleos de acessibilidade nas Instituições Federais de Educação Superior. Brasília, DF, 2011b. Disponível em: <http://www.planalto.gov.br/ccivil_03/_Ato2011-2014/2011/Decreto/D7612.htm>. Acesso em: 10 nov. 2014.

[3] MANZINI, E. J. Inclusão e acessibilidade. **Revista da Sociedade Brasileira da Atividade Motora Adaptada**, Rio Claro, v. 10, n. 1, dez. 2005. Suplemento, 2005, p. 31.

favoreçam a permanência delas na Educação Superior, de maneira eficaz, visando a uma educação de boa qualidade.

Observa-se que o maior obstáculo para que pessoas com deficiência e/ou com necessidades educacionais específicas tenham sucesso ao exercício da cidadania é a desinformação, isto é, a falta do conhecimento concreto pela sociedade a respeito da deficiência, bem como das referidas necessidades. Tais informações podem libertar essas pessoas, dos mitos, dos preconceitos e da falta de sensibilidade por parte de pessoas consideradas privilegiadas por não "possuírem" tais necessidades. Talvez por não conseguirem sentir, nem imaginar o que essas pessoas sentem, desejam, lutam e sofrem para alcançar seus objetivos, acabam dificultando o acesso, a permanência e o atendimento especializado à educação formal delas e, consequentemente, suas qualificações profissionais.

Sabe-se que o Sistema Educacional Brasileiro tem como finalidade oferecer educação de boa qualidade para todos os discentes, visando torná-los cidadãos plenos, conscientes de seus direitos e deveres. Entretanto, mesmo apresentando seus direitos assegurados pela Constituição Federal Brasileira (1988), as pessoas com deficiência não têm a garantia deles, sendo importante, além da criação de leis, a formação de valores que promovam a aceitação natural, a inclusão, a igualdade de direitos, o respeito e o exercício da cidadania de todas as pessoas com ou sem deficiência.

Há inúmeras dificuldades em relação à inclusão de pessoas com deficiência em todos os setores sociais, dentre essas: a carência de qualificação profissional, que acarreta um tipo de despreparo docente, bem como a dificuldade em operacionalizar o discurso sobre a inclusão das referidas pessoas em níveis mais elevados de ensino. Rosana Glat ratifica essa posição ao afirmar que "uma das principais barreiras é, sem dúvida alguma, o despreparo dos profissionais do sistema regular para receber alunos com necessidades educativas especiais."[4] Portanto, a formação precária do professor pode ser um fator que contribui para essa realidade, entretanto, não é o único.

---

[4] GLAT, R. **A integração social dos portadores de deficiências**: uma reflexão. Rio de Janeiro: Sette Letras, 1995. p. 13.

Conforme os Parâmetros Curriculares Nacionais, a perspectiva de educação para todos constitui um grande desafio, quando a realidade aponta para uma numerosa parcela de excluídos do sistema educacional sem chance de acesso à escolarização, apesar dos esforços empreendidos para a universalização do ensino.[5]

Dentre as pessoas com deficiência, que vêm recebendo alguma forma de atendimento "especial", percebe-se que a maioria ainda não está conseguindo chegar à Educação Superior, bem como ingressar no mercado de trabalho formal, pois, como sinalizado pela Declaração de Salamanca em 1994, fato esse, verificado ainda no século XXI, "existem milhões de adultos com deficiências e sem acesso aos rudimentos de uma educação básica, principalmente nas regiões em desenvolvimento no mundo".[6]

Esse problema é especialmente grave, pois existem meios para promover níveis altamente satisfatórios de escolaridade, caso haja recursos materiais e humanos adequados, bem como atendimento educacional especializado em discentes, considerados público-alvo da educação especial. Tais recursos devem ser operacionalizados desde toda a educação básica até a educação superior, isto é, na qualificação educacional e profissional dessas pessoas.

Ainda existe carência de pesquisas sobre o acesso, a permanência e o atendimento especializado de pessoas consideradas, público-alvo da educação especial, na educação superior e no mercado de trabalho formal, no Brasil. De acordo com o Plano Nacional de Educação, até 2004 não havia dados sobre o atendimento de alunos com necessidades especiais na educação superior.[7] Nesse sentido, Laura Moreira ressalta que as estatísticas oficiais, os estudos e as pesquisas têm se voltado, na sua maioria, para a Educação Básica.[8]

---

[5] BRASIL. Ministério da Educação. Secretaria de Educação Fundamental. Secretaria de Educação Especial. **Parâmetros Curriculares Nacionais**: adaptações curriculares: estratégias para a educação de alunos com necessidades educacionais especiais. Brasília, DF, 1999.
[6] ORGANIZAÇÃO DAS NAÇÕES UNIDAS PARA A EDUCAÇÃO, A CIÊNCIA E A CULTURA. **Declaração de Salamanca e linhas de ação sobre necessidades educativas especiais**. Brasília, DF: CORDE, 1994. p. 6.
[7] GOTTI, M. de O. (Org.). **Direito a educação**: subsídios para a gestão dos sistemas educacionais: orientações gerais e marcos legais. Brasília, DF: MEC/SEESP, 2004.
[8] MOREIRA, L. C. In(ex)clusão na universidade: o aluno com necessidades educacionais especiais em questão. **Revista Educação Especial**, Santa Maria, n. 25, p. 1-6, 2005.

A relevância social e científica de pesquisas na área da educação especial e da inclusão de pessoas com deficiência e/ou com necessidades educacionais específicas, na educação superior e no mercado de trabalho formal, tem por compromisso social e político a desconstrução de estigmas históricos, que associam a deficiência com a improdutividade e com a desvalorização da pessoa humana.

No tocante a esse tema, torna-se de suma importância levantar não só dados estatísticos, como também trazer esclarecimentos qualitativos, que forneçam subsídios para estudos e reflexões sobre a relação ensino-aprendizagem de pessoas com deficiência e/ou com necessidades educacionais específicas, em suas dimensões psicossociais, socioculturais, econômicas, políticas e filosóficas, de forma a contribuir com a qualidade da Educação Superior, assim como com a qualificação educacional e profissional dessas pessoas.

É necessário ressaltar a importância de uma reorganização no sistema educacional, visando favorecer a adoção de novas metodologias que permitam acesso, permanência e atendimento educacional especializado aos discentes com deficiência e/ou com necessidades educacionais específicas nas Instituições de Educação Superior. Faz-se necessário a desconstrução dos estigmas em relação à questão da deficiência, buscando valorizar as potencialidades individuais, a vida independente e a equiparação de oportunidades ao público-alvo da educação especial.

Sendo assim, a convivência na diversidade proporciona às referidas pessoas, maiores possibilidades de desenvolvimentos acadêmico e social, propicia, ainda, para todos, discentes e docentes, com ou sem necessidades educacionais específicas, a prática saudável da convivência na diversidade e o respeito às diferenças no exercício das relações interpessoais, aspecto fundamental da democracia e da cidadania.

Um dos objetivos básicos, que deve nortear todas as ações desenvolvidas no sistema de ensino, é o de formar para o exercício continuado da cidadania. A inclusão de um maior número de pessoas consideradas público-alvo da Educação Especial nas Instituições de Educação Superior torna-se um grande desafio para a sociedade de forma geral.

De acordo com a Legislação Federal, as pessoas com deficiência e/ou com necessidades educacionais específicas têm direitos ao acesso, à permanência e ao atendimento especializado em todos os níveis de ensino, que favoreça o pleno desenvolvimento delas, o exercício da cidadania e a qualificação para o trabalho.[9]

Ressalta-se que a Educação Superior representa para todos os cidadãos e, principalmente, às pessoas consideradas público-alvo da educação especial, além do exercício da cidadania e da realização pessoal, uma condição necessária para competirem pela inserção no mercado de trabalho formal.

Este livro deriva de uma pesquisa exploratória, descritiva, que teve por objetivo primário investigar os principais desafios a serem superados para que discentes com deficiência e/ou com necessidades educacionais específicas tenham direito de acesso, permanência e atendimento educacional especializado nas Instituições de Educação Superior, de acordo com a Legislação Federal vigente.

Os objetivos específicos compreenderam: examinar documentos oficiais a respeito do acesso e da permanência de pessoas com deficiência nas Instituições de Educação Superior (IES); Verificar como ocorrem o acesso, a permanência e o atendimento especializado de discentes com deficiência e/ou com necessidades educacionais específicas nas referidas instituições; Identificar as principais dificuldades para o acesso e à permanência dos referidos discentes nas IES; Identificar possíveis sugestões dos participantes para viabilizar o acesso e a permanência de um maior número de discentes com deficiência e/ou com necessidades educacionais especiais nas IES.

Optou-se por autores que resgatam a historicidade da Educação Especial e mostram as fragilidades do processo de "inclusão" das pessoas com deficiência nos variados níveis de ensino, bem como aqueles que acreditam na possibilidade de uma educação de boa qualidade, visando favorecer o acesso, a permanência e o atendimento educacional especializado a todos os discentes considerados

---
[9] GOTTI, 2004.

público-alvo da educação especial, da educação básica à educação superior, bem como ao mercado de trabalho formal.

Esta obra encontra-se dividida em seis capítulos. No primeiro capítulo, apresenta-se a Educação Especial desde o processo de exclusão até a "inclusão" de pessoas com deficiência na sociedade e no sistema de ensino, destacando-se breve histórico da Educação Especial no Brasil e no Maranhão; os direitos e as garantias das referidas pessoas à qualificação educacional e profissional; as perspectivas e as expectativas da Educação Inclusiva no século XXI e o ideal e a realidade da Educação Especial na perspectiva da Inclusão. No segundo capítulo, situa-se a inclusão no contexto da Educação Superior, ressaltando-se o acesso, a permanência e o atendimento educacional especializado para os discentes com deficiências visual, auditiva e física. No terceiro capítulo, discorre-se sobre o processo de inclusão na educação superior, referentes aos anos de 2003 a 2005, em São Luís/MA, na percepção de discentes com deficiência. No quarto capítulo, descreve-se o contexto da inclusão na educação superior anteriormente e após a política de cotas, que veio viabilizar um número maior de discentes com deficiência nas instituições de educação superior. No quinto capítulo, apresentam-se os desafios da educação superior em relação à qualificação profissional das pessoas com deficiência, frente às reais necessidades do mercado de trabalho formal, em nossa sociedade capitalista e globalizada. No capítulo conclusivo, apresentam-se as considerações finais em relação ao processo de inclusão de discentes com deficiência e/ou com necessidades educacionais específicas na Educação Superior, bem como o papel dessas instituições à qualificação educacional e profissional das referidas pessoas.

Espera-se que as informações e os esclarecimentos contidos neste livro contribuam para que os educadores, de forma geral, e a sociedade, em particular, tornem-se sensibilizados e busquem por conhecimentos que os permitam conviver e trabalhar com a diversidade, bem como entenderem que as pessoas com deficiência têm direitos e, como tais, precisam de atendimento individualizado e de equalização de oportunidades, pois a história do atendimento às pessoas com deficiência tem se revelado excludente em vários momentos focalizados.

Em síntese, é necessário que os profissionais das IES aprofundem seus conhecimentos sobre a diversidade humana, pois, somente assim, compreenderão que existem modos diferenciados de sentir, agir e pensar o processo ensino-aprendizagem. Nesse sentido, as IES não devem apenas garantir o acesso desses alunos, mas assegurar a permanência deles nas instituições de ensino, lutando por uma educação que promova a inclusão e a cidadania, pois "aprender é superar modelos, recriando-os, e ao mesmo tempo construindo o próprio".[10]

As pessoas com deficiência e/ou com necessidades educacionais específicas têm direitos ao acesso, à permanência e ao atendimento educacional especializado em todas as instituições de ensino, e a inserção delas na educação superior e no mercado de trabalho competitivo implica em mudanças de paradigmas, em que se faz necessário romper com a cultura do assistencialismo, pois o estigma da incapacidade em relação às pessoas com deficiência vem distorcendo as políticas públicas deste país. Enfatiza-se que as referidas pessoas são capazes de estudar, aprender, ensinar e trabalhar desde que lhes sejam dadas as devidas condições e oportunidades.

---

[10] FREIRE, M. **A paixão de conhecer o mundo**: relato de uma professora. Rio de Janeiro: Paz e Terra, 1983, p. 18.

CAPÍTULO 1

EDUCAÇÃO ESPECIAL: DA EXCLUSÃO À INCLUSÃO?

Neste capítulo, objetiva-se abordar a evolução histórica da Educação Especial no Brasil e, particularmente, no Estado do Maranhão, destacando-se os momentos históricos significativos na evolução do atendimento educacional especializado destinado aos discentes com deficiência e/ou com necessidades educacionais específicas, assinalando o processo de exclusão dessas pessoas até a chegada do século XXI, no qual o paradigma da inclusão tenta se fazer presente.

Ao se analisar a historicidade da Educação Especial, percebe-se que, desde a Antiguidade até a contemporaneidade, a sociedade vem demonstrando dificuldades em lidar com as diferenças pessoais e em aceitar pessoas com deficiência e/ou com necessidades especiais/específicas.

Desse modo, Rosana Glat sinaliza que muitas pessoas com deficiência e/ou com necessidades educacionais específicas não vêm recebendo nenhum incentivo para assumirem outra postura que não a típica do papel de deficientes, isto é, a de serem programados para se comportar como dependentes e infantilizados.[1]

Concorda-se com Sadao Omote quando enfatiza que o olhar sobre a deficiência, no sentido pejorativo da ineficiência, é construído e mantido socialmente[2], bem como com Lucídio Bianchetti e Ida Mara Freire, quando ressaltam que "[...] não é a distinção física ou sensorial que determina a humanização ou a desumanização do homem. Suas limitações ou ilimitações são determinadas historicamente".[3] Sobre a questão, acrescenta-se, ainda, que as pessoas não são padronizadas, visto que faz parte da condição humana ser limitado e/ou ter limitações, pois, caso contrário, seríamos deuses, não seres humanos.

[1] GLAT, R. **Questões atuais em educação especial**. Rio de Janeiro: Sette Letras, 1998. v. 1.
[2] OMOTE, S. **Estereótipos a respeito de pessoas deficientes**. São Paulo: Didática, 1990.
[3] BIANCHETTI, L.; FREIRE, I. (Orgs.). **Um olhar sobre a diferença**: interação, trabalho e cidadania. Campinas: Papirus, 1998, p. 66.

É importante salientar que, de acordo com Lev Vigotsky, "[...] a educação enfraquecida pelas tendências de piedade e filantropia foi intoxicada pelo veneno da invalidez e da impotência".[4]

Assim, a historiografia da Educação Especial em seus quatros períodos registra as transformações na forma de pensar e agir da sociedade para com as pessoas com deficiência e/ou com necessidades específicas: a Antiguidade; as Idades Média, Moderna e Contemporânea.

Na Antiguidade, as pessoas que apresentassem alguma limitação funcional e necessidades diferenciadas, como surdez, cegueira, deficiência intelectual, deficiência física, entre outras, eram praticamente exterminadas por meio do abandono, eram transformadas em bobos ou em palhaços para a diversão dos senhores e de seus hóspedes, sem, contudo, representarem um problema de natureza ética ou moral, pois não eram sequer considerados seres humanos. Naquele período, o infanticídio era normal quando se observavam anormalidades nas crianças. Não se cogitava a ideia de que essas pessoas pudessem ser ensinadas. A escola era um privilégio de poucos.

Já na Idade Média, pessoas que apresentassem alguma deficiência não podiam mais ser exterminadas, pois eram consideradas criaturas de Deus. Mesmo assim, eram ignoradas à própria sorte, dependentes da boa vontade e da caridade de outras pessoas para sobreviverem. Eram, também, tratadas como bobos da corte, como fonte de diversão e como material de exposição, além de serem consideradas, nesse período, demoníacas, expiadoras de culpas alheias e merecedoras de castigos divinos. Como afirma Marcos Mazzotta:

> [...] a própria religião, com toda sua força cultural, ao colocar o homem como 'imagem e semelhança de Deus', ser perfeito, inculcava a ideia da condição humana como incluindo perfeição física e mental. E não sendo 'parecidos com Deus', os portadores de deficiências (ou imperfeições) eram postos à margem da condição humana.[5]

Nesse sentido, a história da trajetória de pessoas com deficiência e, portanto, com necessidades específicas, tem sido marcada

---

[4] VIGOTSKY, L. S. **Deféctologie et déficience mentale**. Paris: Delachaux et Niestlé S. A, 1994, p. 62.
[5] MAZZOTTA, M. J. S. **Educação especial no Brasil**: história e política pública. 3. ed. São Paulo: Cortez, 2001, p. 16.

por preconceitos, desinformações, mitos, segregação e pela exclusão. Segundo Vitor da Fonseca:

> Só caracterizando e conhecendo a realidade da Educação Especial se pode posteriormente controlar e transformar um universo tão complexo, o que está muito longe entre nós, pois sem investigação não se prevê quando, nem como, se sairá da inércia ou das tentativas isoladas já muito caracterizadas.[6]

Na visão de Marcos Mazzotta, a falta de conhecimento sobre as deficiências em muito contribuiu para que essas pessoas com necessidades específicas, por serem diferentes, tenham sido marginalizadas, ignoradas e segregadas. Tais atitudes continuam a existir, aliadas à falta de conhecimentos sobre as reais potencialidades que cada pessoa apresenta, principalmente aquela com algum tipo de deficiência.[7]

Segundo Maria Luisa Ribeiro e Roseli Baumel, na Idade Moderna houve maior valorização do ser humano pelo predomínio de filosofias humanistas. Nesse período, iniciaram-se investigações sobre pessoas com deficiência, do ponto de vista da Medicina, época em que cresceram os estudos e as experiências sobre a problemática das deficiências atreladas à hereditariedade, aspectos orgânicos, biotipologia, etiologia, caracterização de quadros típicos, distorções anatômicas, entre outras.[8]

No plano prático, mecanismos passaram a ser amplamente utilizados para triarem quem deveria ou não se beneficiar da escolaridade regular. Aquelas pessoas que não se enquadravam nos "padrões de normalidade" e não correspondiam às exigências da educação formal eram encaminhadas a ambientes segregados, geralmente classes e escolas especiais, sob a crença de que seriam mais bem educadas nesses ambientes excludentes. Surge, no século XIX, a Educação Especial, devendo beneficiar a todos aqueles que necessitavam de metodologias e de recursos diferentes daqueles alunos com desempenho escolar satisfatório segundo padrões exigidos.

---

[6] FONSECA, V. **Educação especial**: programa de estimulação precoce: uma introdução às idéias de Feurstein. 2. ed. Porto Alegre: Artmed, 1995, p. 100.
[7] MAZZOTTA, op. cit.
[8] RIBEIRO, M. L. S.; BAUMEL, R. R. C. **Do querer ao fazer**. São Paulo: Avercamp, 2003.

No contexto, Rafael Bautista situa os primórdios da Educação Especial pelos finais do século XIX, quando se inicia o período da institucionalização especializada de pessoas com deficiência e esclarece que, a partir de então, pode-se considerar o surgimento da Educação Especial, cuja época é caracterizada pela ignorância e rejeição do indivíduo com necessidade especial/específica.[9]

De acordo com Rosana Glat, o atendimento às pessoas com deficiência era tradicionalmente realizado de maneira custodial e assistencialista.[10] Foi baseado em um modelo médico, no qual a "deficiência" era vista como uma doença e a pessoa que a "portava", como um ser inválido e incapaz, que tinha pouca utilidade para a sociedade devendo ficar aos cuidados da família ou internado em instituições, permanecendo "protegido" e, com isso, segregado dos considerados "normais".

No período da institucionalização, a sociedade começava a tomar consciência da necessidade de prestar apoio às pessoas com deficiência, embora esse apoio se caracterizasse mais na forma assistencialista do que educativa. Isolava-se a pessoa com deficiência das demais, pois se considerava que elas representavam um perigo para a sociedade, principalmente, aquelas com deficiência intelectual.

A medicina foi evoluindo, produzindo e sistematizando novos conhecimentos; outras áreas de conhecimento, também, foram se delineando, acumulando informações acerca da deficiência, de sua etiologia, seu funcionamento e seu tratamento e/ou atendimento.

Somente no século XX a institucionalização dessas pessoas começou a ser criticamente examinada, como informado por Rosana Glat, que, a partir da segunda metade do referido século, principalmente, com o desenvolvimento da psicologia da aprendizagem, da linguística, da análise experimental do comportamento e outras ciências afins, começaram a surgir propostas educacionais alternativas de atendimento, quando se percebeu que o "deficiente" podia aprender.[11]

De acordo com a Política Nacional para Integração da Pessoa com Deficiência, entende-se por deficiência "toda perda ou anormalidade de

---
[9] BAUTISTA, R. (Coord.). **Necessidades educativas especiais**. Lisboa: Dinalivro, 1997.
[10] GLAT, 1995.
[11] GLAT, 1995.

uma estrutura ou função psicológica, fisiológica ou anatômica que gere incapacidade para o desempenho de atividades dentro do padrão considerado normal para o ser humano".[12] Exemplos: deficiências auditiva, visual, física, intelectual e múltipla.

Após o período de institucionalização de pessoas com deficiência, surge o de serviços, cujo objetivo visava afastar o primeiro período já citado e adotar as ideias de normalização, criando-se, então, o conceito de integração, que se referia à necessidade de adequar essas pessoas de forma que pudessem vir a se assemelhar, o mais possível, aos demais cidadãos, para, então, poderem ser inseridas, integradas ao convívio em sociedade. Questiona-se, aqui, se não existiu uma compreensão equivocada dos reais propósitos do referido paradigma, por parte da comunidade acadêmica.

Se o paradigma da institucionalização conseguiu se manter sem contestação por vários séculos, o mesmo fato não ocorreu com o paradigma de serviço que, iniciado por volta da década de 1960, logo começou a enfrentar críticas, provenientes da academia científica e das próprias pessoas com deficiência já organizadas em associações e outros órgãos de representação.[13]

Com relação às pessoas com deficiência, Rosana Glat esclarece que, quando se tornaram disponíveis a elas meios de superar, pelo menos em parte, suas "desvantagens naturais", deixou de existir razão para que continuassem segregados da sociedade.[14] Assim, tornou-se possível para as referidas pessoas uma participação mais ativa na vida comunitária. Nesse contexto, a proposta de integração foi originalmente introduzida na Educação Especial por um grupo de profissionais da Escandinávia, na forma do chamado princípio da normalização, que parte da premissa de que todas as pessoas com deficiência têm direito de usufruir condições de vida na comunidade onde moram o mais comum ou normal possível.

Na Idade Contemporânea, durante o processo de integração, o aluno tinha de se adequar à escola, que se mantinha inalterada e, na verdade, a

---
[12] GOTTI, 2004, p. 249.
[13] BRASIL. Ministério da Educação. Secretaria de Educação Especial. **Projeto Escola Viva**: garantindo o acesso e permanência de todos os alunos na escola: alunos com necessidades educacionais especiais. Brasília, DF, 2000.
[14] GLAT, op. cit.

educação era dividida em dois grandes blocos: a educação regular e a educação especial. Destaca-se que, pelo fato de a educação especial ser constituída à parte do todo, as atenções recaíam mais no que era especial do que naquilo que era necessário à educação de todo e qualquer aluno.

O processo pedagógico no paradigma da integração detinha-se em patologias e pensava-se apenas em reabilitar o aluno "deficiente", segundo o modelo médico de diagnóstico citado anteriormente. O compromisso era preparar a pessoa para vir a ser. A integração total só ocorria quando o aluno conseguisse acompanhar o currículo desenvolvido no ensino regular. A maioria dos alunos, mesmo percorrendo um currículo especial, não conseguia atingir os níveis mais elevados de ensino.

No período de 1960, os discentes que não obtinham êxito no processo ensino-aprendizagem eram retirados das instituições de ensino, ficando impedidos de frequentar o ensino regular. A segregação acontecia sob o argumento de que esses seriam mais bem atendidos em suas necessidades educacionais se fossem encaminhados para classes ou para escolas especiais, contexto esse em que a Educação Especial foi se constituindo como um sistema paralelo ao sistema de ensino. A respeito disso, Marcos Mazzotta informa que,

> A despeito de figurar na política educacional brasileira desde o final da década de cinquenta deste século até os dias atuais, a Educação Especial tem sido, com grande frequência, interpretada como um apêndice indesejável. Numerosos são os educadores e legisladores que veem como meritória obra de alguns 'abnegados' que se dispõe a tratar de crianças e jovens deficientes físicos ou mentais. O sentido a ela atribuído é, ainda hoje, muitas vezes, o de assistência aos deficientes e não o de educação de alunos que apresentam necessidades educacionais especiais.[15]

O paradigma da inclusão, ainda incipiente na década de 1980, vem tentando se consolidar a partir dos anos de 1990, tendo como princípio norteador o modelo social da deficiência. Esse modelo preconiza a modificação da sociedade, tornando-a capaz de acolher todas as pessoas, as

---
[15] MAZZOTTA, 2001, p. 11.

quais, quando incluídas na sociedade em transformação, podem ter atendidas suas necessidades comuns ou especiais.[16] Em relação esse assunto,

> [...] assumiu-se que as pessoas com deficiência necessitam, sim, de serviços de avaliação e de capacitação oferecidos no contexto de suas comunidades, mas também que estas não são as únicas providências necessárias caso a sociedade deseje manter com essa parcela de seus constituintes uma relação de respeito, de honestidade e de justiça.[17]

Assim, a inclusão serve de parâmetro à gestão educacional e para a efetivação de projetos políticos pedagógicos que privilegiem o respeito às diferenças, numa transformação histórica para os processos de exclusão, presente na educação brasileira. Isso ocorreu, segundo Marilene Cardoso:

> [...] devido a inquietação que a exclusão do portador de deficiência causava nos países da Europa, e também para reafirmar o direito de educação para todos, em 10 de junho de 1994, representantes de 92 países e 25 organizações internacionais realizaram a Conferência Mundial de Educação, encontro patrocinado pelo governo espanhol e pela [Organização das Nações Unidas para a Educação, a Ciência e a Cultura] (UNESCO), conhecida na história da Educação como Declaração de Salamanca.[18]

Dessa forma, a Educação Especial tem sido alvo de preocupação de organismos internacionais. Acredita-se que toda essa mobilização deva se estender até a Educação Superior, que, por sua vez, favorecerá, adequadamente, a inclusão de discentes considerados público-alvo da educação especial nas instituições de educação superior.

De acordo com as Diretrizes Nacionais para a Educação Especial na Educação Básica, a Educação Especial é compreendida como: modalidade da educação escolar; processo educacional definido em uma proposta pedagógica, assegurando um conjunto de recursos e

---

[16] SASSAKI, R. K. Entrevista. **Revista Integração**, Brasília, DF, v. 8, n. 20, p. 9-17, 1998.
[17] BRASIL, 2000, p. 18.
[18] CARDOSO, M. S. Aspectos históricos da educação especial: da exclusão à inclusão: uma longa caminhada. In: MOSQUERA, J. J. M.; STOBÄUS, C. D. (Orgs.). **Educação especial**: em direção à educação inclusiva. Porto Alegre: EDIPUCRS, 2003, p. 21.

serviços educacionais especiais, organizados institucionalmente para apoiar, complementar, suplementar e, em alguns casos, substituir os serviços educacionais comuns, de modo a garantir a educação escolar e promover o desenvolvimento das potencialidades dos alunos que apresentam necessidades educacionais especiais, em todas as etapas e modalidades da educação básica.[19]

Quanto à inclusão de pessoas com deficiência e/ou com necessidades educacionais específicas nas instituições de ensino, os estudos de Maria Lígia Barbosa informam que a sociologia da educação já vem há muito tempo pesquisando as relações sociais dentro das referidas instituições, visando compreender as relações entre educação, e/ou sua carência, com o fortalecimento das desigualdades sociais, bem como refletindo sobre a entrada de alunos pertencentes a grupos excluídos nas instituições de ensino, em que, dentro dessas, não conseguem receber conhecimentos, bem como oportunidades ao real exercício da cidadania.[20]

1.1 Breve histórico da educação especial no Brasil e no Maranhão

Esclarece-se que não é de interesse, neste livro, registrar a história da Educação Especial de forma completa, mas destacar fatos que concorreram para viabilizar a inserção de pessoas com deficiência e/ou com necessidades educacionais específicas nas instituições de ensino.

Sabe-se que, no Brasil, o atendimento formal às pessoas com deficiência iniciou-se no período imperial. Nesse sentido, Mônica Kassar esclarece que o atendimento às pessoas com deficiência no Brasil começa propriamente à época do Império, com a fundação de duas instituições: o Imperial Instituto dos Meninos Cegos (atual Instituto Benjamin Constant), em 1854, e o Instituto dos Surdos-Mudos, (atual Instituto Nacional da Educação dos Surdos - INES), em 1857.[21] Em 1926,

---

[19] BRASIL, 2001a.
[20] BARBOSA, M. L. de O. **Desigualdade e desempenho**: uma introdução à sociologia da escola brasileira. Belo Horizonte, MG: Fino Traço, 2011.
[21] KASSAR, M. C. M. **Deficiência múltipla e educação no Brasil**: discurso e silêncio na história de sujeitos. Campinas: Autores Associados, 1999.

no Rio Grande do Sul, foi criada a primeira instituição particular especializada no atendimento a crianças com deficiência intelectual. Segundo Maria Luísa Ribeiro, tal iniciativa só continuou devido à persistência e à boa vontade de diretores e professores da época.[22]

Em relação às instituições de atendimento de pessoas com deficiência visual, Marcos Mazzotta informa que as que prestaram e, ainda, prestam atendimento a deficientes visuais ao longo de nossa história são: Instituto Benjamin Constant (IBC), o Instituto de Cegos Padre Chico, a Fundação para o Livro do Cego no Brasil (FLCB).[23]

De acordo com Marcos Mazzotta, o IBC, em 1942 editou em Braille a *Revista Brasileira para Cegos*, a primeira revista do gênero no Brasil, e instalou em 1943 uma imprensa Braille para servir principalmente aos alunos do Instituto. Posteriormente, pela Portaria Ministerial nº 504 de 17 de setembro de 1949, passou a distribuir gratuitamente livros em Braille às pessoas cegas que os solicitassem. Em 1947, o Instituto Benjamin Constant, juntamente com a Fundação Getulio Vargas do Rio de Janeiro, realizou o primeiro Curso de Especialização de Professores na Didática de Cegos. No período de 1951 a 1973, passou a realizar tal curso de formação de professores em convênio com o Instituto Nacional de Estudos Pedagógicos (Inep).[24]

Ainda segundo Marcos Mazzotta, o Instituto de Cegos Padre Chico, fundado em 27 de maio de 1928, na cidade de São Paulo, recebeu o nome de Padre Chico em homenagem ao Monsenhor Francisco de Paula Rodrigues. Desde 1930, essa instituição conta com a participação do Governo do Estado de São Paulo, o qual mantém todo o seu corpo docente. O referido Instituto funciona em regime de internato, semi-internato e externato, mantendo uma escola de 1º grau (à época), Cursos de Artes Industriais, Educação para o Lar, Datilografia, Música, Orientação e Mobilidade, além de prestar serviços de assistências médica, dentária e alimentar.[25]

---
[22] RIBEIRO, M. L. S. **História da educação brasileira**: a organização escolar. São Paulo: Cortez, 1991.
[23] MAZZOTTA, 2001.
[24] Ibid.
[25] MAZZOTTA, 2001.

Marcos Mazzotta esclarece, ainda, que a FLCB foi instalada em São Paulo no dia 11 de março de 1946; sua criação resultou dos esforços da professora Dorina de Gouvêa Nowill, com o objetivo de produzir e distribuir livros impressos em sistema Braille e, posteriormente, teve suas atividades ampliadas no campo da educação, reabilitação e bem-estar social das pessoas cegas e com visão subnormal. Essa Fundação tem como finalidade a integração do deficiente visual na comunidade como pessoa autossuficiente e produtiva, mantendo-se de recursos públicos federais, estaduais e municipais, além de doações da comunidade em geral. Em 1990, a Fundação passou a se chamar Fundação Dorina Nowill para Cegos.[26]

Com relação à educação de pessoas com deficiência auditiva, Marcos Mazzotta ressalta, também, algumas instituições que forneceram e fornecem atendimentos a esses, como o Instituto Santa Terezinha, fundado por iniciativa do Bispo Dom Francisco de Campos Barreto, em 15 de abril de 1929 na cidade de Campinas (SP), em que sua fundação só foi possível graças à ida de duas freiras brasileiras para o Instituto de Bourg-la-Reine, em Paris, França, com o propósito de se prepararem como professoras especializadas no ensino de crianças surdas.[27]

Sobre o contexto, José Geraldo Bueno esclarece que:

> [...] entre a criação do Instituto Imperial, em 1857, e a criação da segunda escola especial (Instituto Santa Terezinha – São Paulo, 1929) transcorreram mais de setenta anos e desta época para a década de 60, a educação do deficiente auditivo em nosso País teve um crescimento muito pequeno.[28]

Apesar do surgimento dessas instituições representar um marco na educação de pessoas com deficiência e/ou com necessidades específicas, constitui também a exclusão das referidas pessoas do meio social e de processos regulares de escolarização.[29]

---

[26] Ibid.
[27] Ibid.
[28] BUENO, J. G. S. **Educação especial brasileira**: integração/segregação do aluno diferente. São Paulo: EDUC, 1993. p. 39.
[29] Ibid.

O direito ao atendimento educacional de pessoas com deficiência e/ou com necessidades especiais, no sistema geral de ensino, apareceu pela primeira vez na Lei de Diretrizes e Bases para a Educação Nacional (LDB) 4.024/61, antes mesmo que houvesse menção a isto na Constituição Federal.[30] Sobre o assunto, Rosita Carvalho esclarece que o Artigo 88 da referida lei definia que "a educação de excepcionais"[31] deveria enquadrar-se no sistema geral de ensino quando houvesse essa possibilidade.

Nesse contexto, Marcos Mazzotta chama atenção para a ambiguidade dessa proposta, pois a educação dessas pessoas podia ocorrer por meio dos serviços oferecidos a todos, recorrendo-se, quando necessário, aos serviços especiais. No entanto, poderia ocorrer que essa educação não estivesse de acordo com o sistema geral de educação. Nesse caso, ela aconteceria mediante um sistema especial de educação, paralelo à educação regular.[32]

O período correspondente aos anos de 1970 foi marcado pelo discurso da necessidade em se estabelecer estratégias de integração no atendimento à pessoa com deficiência, apoiado no conceito de normalização. No entanto, a Lei 5.692/71 não avançou nesse sentido, ressaltando "tratamento especial" aos alunos que apresentavam deficiências físicas ou intelectuais, aos que se encontravam em atraso considerável quanto à idade regular de matrícula e os superdotados, deixando a cargo dos Conselhos Estaduais de Educação uma atuação mais específica. Tal tratamento contraria a Lei anterior (4.024/61), que previa o atendimento, mesmo com serviços especiais, no sistema geral de ensino.[33]

No contexto histórico apresentado, merece destaque o fato de a LDB/96 estabelecer que a oferta de atendimento aos educandos com necessidades especiais deve se iniciar a partir da Educação Infantil, de zero a 6 anos, área em que o atendimento educacional ao aluno com necessidades especiais é, ao mesmo tempo, escasso e importante.[34]

---

[30] JANNUZZI, G. Por uma Lei de Diretrizes e Bases que propicie a educação escolar aos intitulados deficientes mentais. **Caderno CEDES**, São Paulo, n. 23, p. 17-22, 1989. Edição Especial.
[31] CARVALHO, R. E. **A nova LDB e a educação especial**. Rio de Janeiro: WVA, 2000. p. 64.
[32] MAZZOTTA, 2001.
[33] Ibid.
[34] FERREIRA, J. R.; NUNES, L. A educação especial na nova LDB. In: ALVES, N.; VILLARDI, R. (Orgs.). **Múltiplas leituras da nova LDB**: Lei de Diretrizes e Bases da Educação Nacional (Lei n. 9.394/96). Rio de Janeiro: Qualitymark/Dunya, 1997, p. 17-24.

Verifica-se que a ideia de uma educação escolar integrada já se faz presente desde a Lei 4.024/61. No entanto, integrar/incluir não é tarefa fácil, pois consiste em reintegrar pessoas com deficiência e/ou com necessidades educacionais específicas na sociedade da qual já foram segregadas e/ou ainda se encontram sendo.

A Lei 9.394/96 representa um avanço ao assegurar o atendimento aos alunos com necessidades educacionais especiais/específicas "preferencialmente na rede regular de ensino" e por destacar um capítulo para a Educação Especial, inserindo-a no contexto das discussões sobre Educação e Políticas Públicas.[35]

Há de se considerar, também, que a exclusão e a segregação existem em todos os setores sociais, e não apenas em relação à pessoa com deficiência e à sua educação, mas a todos os que se desviam dos padrões sociais pré-estabelecidos, como o afrodescendente, o pobre, o índio, entre outros, isto é, os que se desviam dos padrões de homogeneização.

Acrescentam-se, nesta obra, a partir daqui, fundamentos da Educação Especial no Estado do Maranhão, de acordo com documento da Secretaria de Educação Especial do Maranhão, intitulado: "A Educação Especial no Estado do Maranhão".[36]

A Educação Especial no referido Estado teve início em 1962, com a instalação de uma classe para atendimento de alunos com deficiências intelectual e auditiva, em uma escola da rede particular denominada "Escola Conceição de Maria". Em 1964, foi criada uma classe para pessoas com deficiência visual na Escola São Judas Tadeu, por meio da iniciativa da professora Maria da Glória Costa Silva, tratando-se, hoje, da Escola de Cegos do Maranhão, situada no bairro Bequimão s/n°, em São Luís/MA, fundada no ano de 1967, como entidade não governamental. A partir de 1966, o Poder Público demonstrou interesse maior pela Educação Especial no Estado, tornando oficial o atendimento às pessoas com deficiência.

Na área da deficiência visual, as primeiras iniciativas públicas ocorreram com a implantação da Escola Rural Pio XII, posteriormente

---

[35] GOTTI, 2004.
[36] MARANHÃO. Secretaria de Educação. Superintendência de Ensino. Centro de Educação Especial. **A educação especial no Estado do Maranhão**. São Luís, 1991.

transferida para a Unidade Integrada Antonio Jorge Dino, onde aquela funcionou até o ano 2000, no bairro de Fátima, em São Luís/MA.

Ainda segundo a Secretaria de Educação do Maranhão, em 1969, foi criado o Projeto de Educação de Excepcionais, tornando oficiais os programas de Educação Especial (Portaria nº 4.23/69). Em 1971, o Programa de Atendimento foi estendido aos alunos com deficiência intelectual, criando-se classes especiais na rede regular de ensino, pois eles, até então, permaneciam nas mesmas classes dos deficientes auditivos e/ou surdos. No ano de 1977, o mesmo atendimento estendeu-se para alguns municípios de Bacabal, Pedreiras, Caxias, Pinheiro e Codó.[37]

A partir do ano de 1978, o programa de atendimento aos alunos com deficiência intelectual passa a se denominar "Educação de Excepcionais" da "Seção de Educação Especial" (Decreto nº 6.838/78).[38] De 1980 até os dias atuais, a Educação Especial no Estado do Maranhão vem desenvolvendo atividades, encontros, eventos, seminários, cursos e modalidades de atendimentos às pessoas com necessidades educacionais específicas. Faz-se necessário pontuar que, até o ano de 2005, toda essa mobilização estava voltada, com exceção do bem-estar-social, apenas para a Educação Básica.

No contexto abordado, dentre os atendimentos especializados às pessoas com deficiência e/ou com necessidades educacionais específicas no Estado do Maranhão, destacam-se: o *Centro de Ensino Especial Helena Antipoff*, o *Centro Integrado de Educação Especial "Padre. João Mohana"*, o *Centro de Apoio Pedagógico para Atendimento às Pessoas com Deficiência Visual "Professora Anna Maria Patello Saldanha"* (CAP), o *Centro de Apoio Pedagógico para Atendimento às Pessoas com Surdez* (CAS).

O *Centro de Ensino Especial Helena Antipoff* foi fundado em 23 de abril de 1982, com o objetivo de "pré-profissionalizar" pessoas com deficiências intelectual e múltipla, a partir dos 14 anos de idade, por meio de oficinas pedagógicas e de apoio.[39]

O *Centro Integrado de Educação Especial Padre João Mohana* foi fundado em 20 de junho de 1996, oficializado por meio do Decreto nº

---
[37] Ibid.
[38] Ibid.
[39] MARANHÃO, 1991.

15.287 de 30 de outubro de 1996, no Governo de Roseana Sarney. Tem como objetivo atender crianças com deficiências: intelectual, auditiva, múltipla, condutas típicas (autistas e psicóticas) e com graves comprometimentos, que as impeçam de imediato à integração/inclusão escolar. O referido Centro avalia, realiza diagnóstico e presta atendimento educacional especializado às crianças com necessidades educacionais específicas, pertencentes à rede pública de ensino e da comunidade de forma geral, integrando-as ao início do processo de escolarização, oferecendo apoio pedagógico, tanto para as que frequentam as salas especiais, quanto para as da sala de recurso ou integradas em sala comum, além de realizar estimulação essencial para crianças na faixa etária de zero a 6 anos. No contexto da investigação, trabalhando apenas com deficiência intelectual.[40]

O *Centro de Apoio Pedagógico para Atendimento às Pessoas com Deficiência Visual "Professora Anna Maria Patello Saldanha"* (CAP) foi criado por meio do Decreto nº 17.927 de 10 de maio de 2001, situado na Av. Roberto Simonsen, s/nº, no bairro Santa Cruz em São Luís/Ma. Trata-se de uma unidade de serviço que tem como objetivo oferecer subsídios aos sistemas de ensino para o atendimento a alunos com deficiência visual e, consequentemente, com necessidades educacionais específicas. O referido Centro oferece às pessoas cegas e de baixa visão (visão subnormal) conteúdos programáticos que estão sendo desenvolvidos na escola de ensino regular, bem como o acesso à literatura, à pesquisa e à cultura. São utilizados equipamentos especializados para impressão em Braille. Nesse Centro, são impressas as provas de vestibular destinadas a alunos com deficiência visual de algumas Instituições de Ensino Superior de São Luís/MA.[41]

O *Centro de Apoio Pedagógico para Atendimento às Pessoas com Surdez* (CAS) foi fundado em 15 de julho de 2003 e oficializado por meio do Decreto nº 20.348, de 24 de março de 2004. Tem como objetivo avaliar, realizar diagnóstico e prestar atendimento educacional especializado a crianças com deficiência auditiva da rede estadual de ensino

---

[40] Ibid.
[41] MARANHÃO, 1991.

e da comunidade de forma geral, integrando-os ao início do processo de escolarização. O referido Centro oferece estimulação essencial para crianças de 0 a 3 anos de idade, além de apoio pedagógico às crianças da rede pública, que frequentam salas especiais, sala de recursos ou integradas ao ensino regular em classe comum.[42]

No contexto de 2002, o Estado do Maranhão encontrava-se, timidamente, desenvolvendo atividades voltadas para o atendimento de sua demanda, pois, dos 217 municípios maranhenses, apenas 61 ofereciam essa modalidade de ensino, o que representava 28,1% do total.[43]

De acordo com os resultados da amostra do Censo Demográfico de 2000, em São Luís/MA existia uma população residente de 870.028 pessoas, dentre as quais, 158.008 têm algum tipo de deficiência. Destacam-se a seguir apenas as deficiências presentes nesse estudo[44]:

a) 83.389 são deficientes visuais, têm incapacidade, dificuldade parcial ou permanente de enxergar;

b) 34.084 são deficientes físicos, têm incapacidade, dificuldade parcial ou permanente de caminhar ou subir escadas;

c) 23.063 são deficientes auditivos, têm incapacidade, dificuldade parcial ou permanente de ouvir.

No ano de 2004, os dados do Censo Escolar 2004, relativos à Educação Especial mostram o número de alunos com necessidades educacionais específicas matriculados em classes especiais, segundo a região geográfica e unidade da Federação, em 29/03/2000, correspondendo a um total de 6.857, distribuídos por nível de atendimento em Creches, Pré-escolas, Classe de Alfabetização, Ensino Fundamental, Ensino Médio e Educação de Jovens e Adultos.[45] Observa-se que, nesse

---
[42] Ibid.
[43] MARANHÃO. Gerência de Estado de Desenvolvimento Humano. **Diretrizes e Programas da Política Educacional (2003-2006)**. São Luís, 2002.
[44] INSTITUTO BRASILEIRO DE GEOGRAFIA E ESTATÍSTICA. **Censo Demográfico**: características da população e dos domicílios: resultados da amostra: Tabela 2.1.3: população residente por tipo de deficiência segundo as Regiões Metropolitanas e os Municípios – Maranhão. Rio de Janeiro, 2000.
[45] INSTITUTO NACIONAL DE ESTUDOS E PESQUISAS EDUCACIONAIS ANÍSIO TEIXEIRA. **Resultados finais do Censo Escolar de 2004**. Disponível em: <htt://www.inep.gov.br/basica/censo escolar/resultados.htm>. Acesso em: 5 dez. 2005.

contexto, não existem dados oficiais sobre esse público na Educação Superior, conforme ratificado por Laura Moreira:

> [...] não existem dados oficiais por parte dos censos educacionais sobre a educação superior desse alunado e de a maioria das universidades não disporem de mapeamentos acerca de seu ingresso e permanência e, raramente, possuírem um serviço de apoio a estes estudantes, por si só revela um processo de exclusão.[46]

No período apresentado, percebe-se que o percurso da Educação Especial no Brasil e no Maranhão caminha, ainda, lentamente em direção à tão desejada Inclusão. Diante do exposto, perguntou-se: as IES têm o direito de excluir as pessoas com necessidades educacionais especiais do sistema educacional? Ou devem-se criar condições para que elas atinjam suas potencialidades máximas?

No ano de 2006, foi fundado, em São Luís/MA, o Núcleo de Atividades de Altas Habilidades/Superdotação (NAAH/S) "Joaosinho Trinta", visando identificar alunos que apresentam habilidades acima da média em alguma área do conhecimento, para o atendimento especializado, bem como estimular e desenvolver suas potencialidades criativas.[47]

No contexto histórico, apresentado, a Educação Especial na Educação Maranhense, de forma geral, e na Educação Superior, em particular, ainda encontrava-se em fase de implantação no que diz respeito ao acesso, à permanência e ao atendimento especializado à clientela considerada público-alvo da educação especial. Apesar do aumento no número de iniciativas vinculadas a essa modalidade de ensino, principalmente na educação básica, o efeito dessa mobilização ainda não mostra bons resultados em relação à chegada desses alunos nas Instituições de Educação Superior em São Luís/MA. Os alunos são tolhidos ao acesso em níveis mais elevados de ensino e, consequentemente, perdem melhores oportunidades no mercado de trabalho competitivo.

Os estudos de Thelma Chahini enfatizam que a legislação federal em relação aos direitos das pessoas, consideradas público-alvo da

---

[46] MOREIRA, 2005, p. 41.
[47] FREIRE, V. F. **O papel do Núcleo de Atividades de Altas Habilidades/Superdotação "Joaosinho Trinta" – NAAH/S em São Luís/MA**. 2014. Monografia (Graduação) – Universidade Federal do Maranhão, São Luís, 2014.

educação especial, garante, em termos, a inserção delas nas instituições de ensino e no mercado de trabalho formal, porém, faz-se importante verificar quais condições de permanência são oferecidas, por essas instituições, às referidas pessoas.[48]

1.2 Direitos e garantias das pessoas com deficiência à qualificação educacional

O reconhecimento de que existem diferenças entre as pessoas é o primeiro passo a ser dado no caminho que levará a uma noção mais ampliada de cidadania. De acordo com a Declaração Universal dos Direitos Humanos, de 1948, reconhece-se que todos os seres humanos nascem livres e iguais em dignidade e em direitos. A Educação Inclusiva se fundamenta numa filosofia que reconhece e valoriza a diversidade, como característica inerente à constituição de qualquer sociedade. Eis o porquê da necessidade de se garantir o acesso e a participação de todos, em diferentes oportunidades, independentemente das peculiaridades de cada indivíduo e/ou grupo social.[49]

No contexto, à época, de acordo com as Diretrizes Nacionais para a Educação Especial na Educação Básica, educandos que apresentam necessidades educacionais especiais são aqueles que, durante o processo educacional, demonstram dificuldades acentuadas de aprendizagem ou limitações no processo de desenvolvimento que dificultem o acompanhamento das atividades curriculares, compreendidas em dois grupos: aquelas não vinculadas a uma causa orgânica específica e as relacionadas a condições, disfunções, limitações ou deficiências, bem como dificuldades de comunicação e sinalização diferenciadas dos demais alunos, demandando adaptações de acesso ao currículo, com utilização de linguagens e códigos aplicáveis; altas habilidades/superdotação, grande facilidade de aprendizagem que os levam a dominarem

---
[48] CHAHINI, T. H. C. **Inclusão de alunos com deficiência na educação superior**: atitudes sociais e opiniões de professores e alunos da Universidade Federal do Maranhão – UFMA. Curitiba: Instituto Memória, 2013.
[49] ORGANIZAÇÃO DAS NAÇÕES UNIDAS PARA A EDUCAÇÃO, A CIÊNCIA E A CULTURA. **Declaração Universal dos Direitos Humanos**. Disponível em: <http://www.ohchr.org/EN/UDHR/Documents/UDHR_Translations/por.pdf>. Acesso em: 28 mai. 2004.

rapidamente os conceitos, os procedimentos e as atitudes e que, por terem condições de aprofundar e enriquecer esses conteúdos, devem receber desafios suplementares em classe comum, em sala de recursos ou em outros espaços definidos pelos sistemas de ensino, inclusivamente para concluírem, em menor tempo, a série ou etapa escolar.[50]

Entende-se que as referidas pessoas, a qualquer momento, podem apresentar, ao longo do processo ensino-aprendizagem, alguma necessidade educacional específica, temporária ou permanente, vinculada ou não à deficiência.

Conforme Rosita Carvalho, no contexto da Declaração de Salamanca e Linhas de Ação sobre as Necessidades Educacionais Especiais (1994), as crianças ou os jovens, cujas necessidades se originam em função de deficiências ou dificuldades de aprendizagem, podem apresentar necessidades educativas especiais em algum momento de sua escolarização.[51]

É importante ressaltar que as limitações de ordens sensorial, física ou intelectual podem acarretar, para as pessoas com deficiência, prejuízos concretos nas possibilidades de acesso e utilização das oportunidades em condições iguais às dos demais integrantes da sociedade. Assim, justifica-se o porquê da importância de se assegurar e/ou garantir a cidadania plena de direitos e oportunidades às pessoas com deficiência e/ou com necessidades educacionais específicas. Sobre esse assunto, Antonio Rulli Neto esclarece que "no direito brasileiro as normas que definem direitos e garantias fundamentais têm aplicação imediata, independente de norma regulamentadora".[52]

Assim, Paulo Roberto Ramos pontua que o respeito aos direitos fundamentais do homem traduz o grau de civilidade de uma sociedade, na qual esses direitos decorrem da consciência dos cidadãos em relação a si mesmos e só essa consciência é capaz de impulsionar o Brasil em direção à civilização.[53] Entretanto, percebe-se que, em nosso país, enfrentam-se grandes e graves dificuldades, tanto no

---

[50] BRASIL, 2001a.
[51] CARVALHO, 2000.
[52] RULLI NETO, A. **Direitos do portador de necessidades especiais**. São Paulo: Fiuza Editores, 2002, p. 72.
[53] RAMOS, P. R. B. (Org.). **Os direitos fundamentais das pessoas portadoras de deficiência**. São Luís: Promotoria do Idoso e Deficiente, 2002.

aspecto quantitativo quanto no qualitativo em relação à educação de pessoas com deficiência e/ou com necessidades educacionais específicas, desde a Educação Básica à Educação Superior.

Entretanto, Mônica Kassar ressalta que, contraditoriamente, num País com uma economia de base escravocrata, aparece como princípio na primeira Constituição Brasileira, em 1824, a "inviolabilidade dos direitos civis e políticos dos cidadãos brasileiros", tendo por base a "liberdade, a segurança individual e a propriedade".[54] A autora pontua, ainda, que esse discurso era plenamente coerente com a modernidade de seu tempo.[55]

Observa-se que apesar de existirem barreiras legais, físicas, administrativas, educacionais e assistenciais, ao longo da história, tanto as próprias pessoas com deficiência quanto as organizações de pessoas aliadas às causas de inclusão dessas pessoas na sociedade têm se esforçado quanto à defesa e ao cumprimento dos direitos humanos fundamentais das referidas pessoas.

A expressão direitos humanos já diz, claramente, o que esta significa. Direitos humanos são os direitos do homem. São direitos que visam resguardar os valores mais preciosos da pessoa humana, ou seja, direitos que visam resguardar a solidariedade, a igualdade, a fraternidade, a liberdade e a dignidade da pessoa humana.[56]

A Constituição de 1988 resultou da luta pela construção de um Estado Democrático que assegurasse o exercício dos direitos humanos. Nesse contexto, formalmente, a Constituição cumpre seu objetivo, mas a verdadeira democracia, aquela que implica total respeito aos direitos humanos, ainda está por se construir, visto que o cidadão brasileiro, na realidade, usufrui uma cidadania de papel.[57]

O Brasil vive num regime de amplas liberdades formais, mas ainda não vive um regime, verdadeiramente, democrático, no sentido de realização de valores essenciais de convivência humana que se traduzem nos direitos humanos. A esse respeito, Antonio Ruli Neto esclarece que "a conscientização, a eliminação de preconceitos e, até mesmo, a

---
[54] KASSAR, 1999, p. 19.
[55] Ibid.
[56] ROCHA, P. A. M. R. A evolução histórica dos direitos humanos no Brasil. **Pesquisa em Pós-Graduação**, São Paulo, 2002.
[57] Ibid.

percepção das necessidades do próximo, não podem ser impostas por lei, mas enraizadas na cultura e educação de um povo".[58]

No contexto da era dos direitos, da informação e do conhecimento, pensa-se diferentemente sobre pessoas com deficiência e/ou com necessidades educacionais específicas. A tentativa de ruptura com a ideologia da exclusão visa à implementação de uma política de inclusão, que vem sendo debatida e exercitada em vários países, entre os quais, o Brasil, respaldada pela Conferência Mundial sobre Educação para Todos, em Jontiem (1990) e pela Declaração de Salamanca (1994).

Segundo Marcos Mazzotta, a defesa da cidadania (o direito de ter direitos) e o direito à educação das pessoas com deficiência e/ou com necessidades educacionais específicas são atitudes muito recentes em nossa sociedade, manifestando-se com medidas isoladas de certos indivíduos ou grupos, que lutaram e continuam lutando pela conquista e reconhecimento de alguns direitos dessas pessoas.[59] Em nível macro, o Brasil ainda está longe de uma política educacional capaz de melhorar a qualidade do ensino desde a educação infantil até a educação superior.

Nesse sentido, Norberto Bobbio informa que "o problema grave de nosso tempo, com relação aos direitos do homem, não é mais o de fundamentá-los, e sim o de protegê-los, e o problema que temos diante de nós não é filosófico, mas jurídico e, num sentido mais amplo, político".[60]

É importante que a construção de uma sociedade com igualdade de oportunidades para todos os seus cidadãos deva ter um forte sentido de reparação do quadro de exclusão a que estão historicamente relegadas as pessoas com deficiência e/ou com necessidades educacionais específicas.

Desse modo, a soberania e os direitos humanos, baseados em questões penais, não se constituem, tão somente, fonte de opressão e de restrição aos direitos, mas também se constituem um direito das pessoas que precedem e fornecem condições para o exercício de diversos outros direitos, inclusive os inerentes à vida com dignidade.[61]

---

[58] RULLI NETO, 2002, p. 96.
[59] MAZZOTTA, 2001.
[60] BOBBIO, N. **A era dos direitos**. Rio de Janeiro: Campus, 1992, p. 25.
[61] SILVA, D. R. A questão da soberania em face dos direitos humanos no plano internacional. **Pesquisa em Pós-Graduação**, São Paulo, 2002.

As restrições à soberania como forma de defesa e proteção dos direitos humanos devem ser observadas com certa parcimônia e cuidados.

Ressalta-se que a inclusão de pessoas com deficiência e/ou com necessidades educacionais específicas nas instituições de educação superior não representa concessão de privilégios, mas sim a promoção da equiparação de oportunidades, para que elas sejam incluídas na sociedade como cidadãs plenas de direitos para o desenvolvimento de suas potencialidades. Assim, a inclusão educacional constitui uma proposta politicamente correta, representando valores simbólicos importantes, condizentes com a igualdade de direitos e de oportunidades educacionais para todos em um ambiente adequado.

Em relação ao contexto explanado, a Lei de Diretrizes e Bases para a Educação Nacional, Lei nº 9.394, de 20 de dezembro de 1996, trata, especificamente, no capítulo V, da Educação Especial. Define-a por modalidade de educação escolar, oferecida preferencialmente na rede regular de ensino, para educandos com necessidades educacionais especiais.[62] Assim, perpassa transversalmente todos os níveis de ensino, desde a educação infantil à Educação Superior, bem como as demais modalidades (Educação de Jovens e Adultos e Educação Profissional), conforme verifica-se na Figura 1.

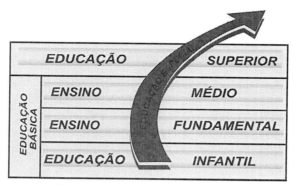

FIGURA 1 – Sistema educacional/níveis de ensino do sistema educacional[63]
FONTE – Brasil (2001a).

---

[62] BRASIL. **Lei nº 9.394, de 20 de dezembro de 1996**. Estabelece a Lei de Diretrizes e Bases para a Educação Nacional. Brasília, DF, 1996b. Disponível em: <http://www.planalto.gov.br/ccivil_03/leis/L9394.htm>. Acesso em: 10 abr. 2014.
[63] BRASIL, 2001a.

Portanto, a Educação Especial é considerada como um conjunto de recursos educacionais e de estratégias de apoio que estejam à disposição de todos os alunos, oferecendo diferentes alternativas de atendimento.[64]

Sobre a Lei de Diretrizes e Bases da Educação Nacional, Iria Brzezinski argumenta que, ao mesmo tempo em que oculta seus verdadeiros objetivos, a LDB/96 revela claramente seu significado ideológico, fazendo um discurso universal e garantindo apenas uma prática particularizada às pessoas com deficiência e/ou com necessidades educacionais específicas.[65]

Em relação aos direitos das pessoas com deficiência à qualificação educacional, a Legislação Federal vem demonstrando avanços conforme verifica-se nos próximos parágrafos.

Em 24 de fevereiro de 1981, a Resolução nº 2 do Conselho Federal de Educação autoriza a concessão para dilatação do prazo de conclusão dos cursos de graduação, aos alunos com deficiência física, afecções congênitas ou adquiridas. De acordo com o Art. 1º da referida Resolução, ficam as universidades e os demais estabelecimentos de educação superior autorizados a conceder dilatação do prazo máximo estabelecido para conclusão do curso de graduação que estejam cursando, aos alunos com deficiência física, assim como afecções, que importem em limitação de capacidade de aprendizagem. Ressalta-se, ainda, que tal dilatação poderá igualmente ser concedida em casos de força maior, devidamente comprovados a juízo da instituição.[66]

É interessante registrar que de acordo com a Resolução nº 2, mencionada, o Conselho Federal de Educação, há 35 anos, já demonstrava certa preocupação com a permanência nas IES dos alunos com deficiência, considerados, no contexto da obra, público-alvo da educação especial.

Em 1988, a Constituição da República Federativa do Brasil, promulgada em 5 de outubro de 1988, no capítulo III, o artigo 208, dispõe que o dever do Estado com a educação será efetivado mediante a garantia de, dentre outros, "atendimento educacional especializado aos portadores (sic) de deficiência, preferencialmente na rede regular

---
[64] Id., 1996b.
[65] BRZEZINSKI, I. (Org.). **LDB interpretada**: diversos olhares se entrecruzam. São Paulo: Cortez, 1997.
[66] GOTTI, 2004.

de ensino".[67] No capítulo VII, o artigo 227 determina que "é dever da família, da sociedade e do Estado assegurar à criança e ao adolescente, com absoluta prioridade"[68], dentre outros, o direito à educação. Isto faz lembrar Rosa Maria Torres quando afirma que:

> A única possibilidade de garantir educação para todos é pensar de outro jeito, a partir de outras lógicas, de um novo entendimento comum que integre educação e política, educação e economia, educação e cultura, educação e cidadania, política educativa e política social, mudança educativa vinda de baixo e mudança educativa vinda de cima, o local, o nacional e o global.[69]

No ano de 1989, a Lei nº 7.853 de 24 de outubro de 1989 dispõe sobre o apoio às pessoas com deficiência, sua integração social, sobre a Coordenadoria Nacional para Integração da Pessoa "Portadora" de Deficiência (CORDE); institui a tutela jurisdicional de interesses coletivos ou difusos dessas pessoas; disciplina a atuação do Ministério Público; define crimes e dá outras providências[70], entre as quais:

> Art. 2º - Ao Poder Público e seus órgãos cabe assegurar às pessoas portadoras de deficiência o pleno exercício de seus direitos básicos, inclusive dos direitos à educação, à saúde, ao trabalho, ao lazer, à previdência social, ao amparo à infância e à maternidade, e de outros que, decorrentes da Constituição e das Leis, propiciem seu bem-estar pessoal, social e econômico.
>
> [...]
>
> IV [...]
>
> b - a formação e qualificação de recursos humanos que, nas diversas áreas de conhecimento, inclusive de nível superior, atendam à demanda e às necessidades reais das pessoas portadoras de deficiência;
>
> [...]
>
> Art 8º - Constitui crime punível com reclusão de 1 (um) a 4 (quatro) anos, e multa: I – recusar, suspender, procrastinar, cancelar

---

[67] BRASIL. Constituição (1988). **Constituição da República Federativa do Brasil**. Brasília, DF: Senado, 1988, p. 106.
[68] Ibid., p. 114.
[69] TORRES, R. M. **Educação para todos**. Porto Alegre: Artmed, 2001, p. 87.
[70] GOTTI, op. cit.

ou fazer cessar, sem justa causa, a inscrição de aluno em estabelecimento de ensino de qualquer curso ou grau, público ou privado, por motivos derivados da deficiência que porta.[71]

Constata-se que a Legislação Federal vem criando condições para viabilizar o acesso e a permanência de alunos com deficiência e/ou com necessidades educacionais específicas nas IES. Tal intuito torna-se de suma importância à conscientização dos recursos humanos das referidas instituições para incluírem no processo ensino-aprendizagem alunos com tais necessidades, pois, de acordo com Rosana Glat, "[...] não se pode fazer uma lei obrigando que as pessoas aceitem e sejam amigas dos deficientes. [...] é um processo espontâneo e subjetivo que envolve direta e pessoalmente o relacionamento entre seres humanos".[72] Sabe-se que um dos fatores que dificultam a permanência desses alunos nas IES são as barreiras atitudinais.

Em 1990, a Lei nº 8.069 de 16 de julho de 1990 dispõe o Estatuto da Criança e do Adolescente e dá outras providências, entre as quais: Art. 54. V – "acesso aos níveis mais elevados do ensino, da pesquisa e da criação artística, segundo a capacidade de cada um."[73]

A respeito das primeiras iniciativas por parte da Legislação Federal sobre a inclusão de alunos com deficiência e/ou com necessidades educacionais específicas nas Instituições de Educação Superior, José Geraldo Bueno esclarece que:

> A incorporação da educação especial no Brasil pelas Instituições de Ensino Superior teve seu início com a promulgação da Lei nº. 5.692/71, na medida em que esse documento legal definiu que a formação de professores e especialistas para o ensino dos então 1º e 2º graus de ensino fosse se elevando progressivamente.[74]

Laura Moreira destaca que a primeira iniciativa por parte do Ministério da Educação/Secretaria de Educação Especial (MEC/SEESP) com relação ao aluno com deficiência e/ou com necessidade educacional

---
[71] Ibid., p. 39-42.
[72] GLAT, 1995, p. 16.
[73] GOTTI, 2004, p. 54.
[74] BUENO, J. G. S. **A educação especial nas universidades brasileiras**. Brasília, DF: Ministério da Educação Especial, 2002, p. 25.

específica na Educação Superior partiu da Portaria nº 1.793/1994, que recomenda a inclusão da disciplina "Aspectos Ético-Político-Educacionais da Normalização e Integração da Pessoa Portadora de Necessidades Especiais", prioritariamente, nos cursos de Pedagogia, Psicologia e demais licenciaturas, e a inclusão de conteúdos relativos a essa disciplina em cursos da saúde, no curso de serviço social e nos demais cursos superiores, de acordo com suas especificidades.[75] Entretanto, há indícios de que a primeira preocupação com esses alunos na Educação Superior tenha ocorrido com a Resolução nº 2 de 24 de fevereiro de 1981, anteriormente mencionada.

No ano de 1995, a Lei nº 9.045 autoriza o Ministério da Educação e do Desporto e o Ministério da Cultura, à época, a disciplinarem a obrigatoriedade de reprodução, pelas editoras de todo o País, em regime de proporcionalidade, de obras em caracteres Braille e a permitir a reprodução, sem finalidade lucrativa, de obras já divulgadas, para uso exclusivo de cegos.[76] A respeito do assunto abordado, percebe-se que a referida lei não vem sendo operacionalizada, adequadamente, visto que nas IES pesquisadas há falta de livros didáticos em Braille nas bibliotecas dessas instituições, dificultando, com isso, o acesso ao conhecimento acadêmico pelos alunos com deficiência visual.

Em 1996, o aviso circular nº 277/ME/GM trata da criação de condições de acesso e permanência de alunos com necessidades educacionais específicas, incluindo aqueles com algum tipo de deficiência nas instituições de educação superior.[77] Observa-se aqui uma preocupação com o acesso desses alunos ao processo seletivo vestibular e com a operacionalização das estratégias utilizadas nesse processo, além da preocupação com a infraestrutura das referidas instituições, bem como com a capacitação de recursos humanos, visando a um melhor atendimento às necessidades educacionais específicas de alunos com deficiência, possibilitando a permanência deles mesmos, em certos cursos.

---

[75] MOREIRA, 2005.
[76] RAMOS, 2002.
[77] BRASIL. Ministério da Educação. **Aviso Circular nº 277**, de 8 de maio de 1996. Dirigido aos Reitores das IES, solicitando a execução adequada de uma política educacional dirigida aos portadores de necessidades especiais, Brasília, DF, 1996a. Disponível em: <http://portal.mec.gov.br/seesp/arquivos/pdf/aviso277.pdf>. Acesso em: 10 mar. 2014.

Ressaltam-se os ajustes necessários para o atendimento de todas as necessidades educacionais especiais desse alunado, tendo como objetivo viabilizar o acesso desses candidatos à educação superior.

O então Ministro de Estado da Educação, Paulo Renato de Souza, no uso de suas atribuições, e considerando o disposto na Lei n° 9.131, de 24 de novembro de 1995, na Lei n° 9.394, de 20 de dezembro de 1996 e no Decreto n° 2.306, de 19 de agosto de 1997, assegurou às pessoas com deficiência física e sensorial condições básicas de acesso ao Ensino Superior, de mobilidade e de utilização de equipamentos e de instalações das instituições de ensino.[78]

Sabe-se, de acordo com Rosana Glat, que a inclusão de alunos com deficiência e/ou com necessidades educacionais específicas em qualquer nível de ensino "não pode ser vista apenas como um problema de políticas públicas"[79], pois a carência de recursos humanos especializados em alunos com as referidas necessidades tem dificultado o acesso desses a níveis mais elevados de ensino.

Na Portaria n° 319, de 26 de fevereiro de 1999, o então Ministro de Estado da Educação Paulo Renato de Souza, considerando a permanente evolução técnico-científica que passa a exigir sistemática avaliação, alteração e modificação dos códigos e simbologia Braille, adotados nos países de língua portuguesa e espanhola; e, finalmente, considerando a necessidade do estabelecimento de permanente intercâmbio com comissões de Braille de outros Países, de acordo com a política de unificação do Sistema Braille, em nível internacional, resolve, entre outras: prestar assistência técnica às Secretarias Estaduais e Municipais de Educação, bem como a entidades públicas e privadas, sobre questões relativas ao uso do Sistema Braille; elaborar catálogos, manuais, tabelas e outras publicações que facilitem o processo ensino-aprendizagem e o uso do Sistema Braille em todo o território nacional.[80] Mas, em alguns casos, a carência de materiais didáticos em Braille tem dificultado o acesso ao conhecimento de alunos com deficiência visual

---

[78] GOTTI, 2004.
[79] GLAT, 1995, p. 16.
[80] GOTTI, 2004.

em todos os níveis de ensino. Sem contar que é também de suma importância investir em recursos humanos especializados que venham operacionalizar as leis existentes para beneficiarem essas pessoas.

Em abril de 1999, o Decreto nº 3.030, revogado pelo Decreto nº 3.298/99, dá nova redação ao art. 2º do Decreto nº 1.680, de 18 de outubro de 1995, que dispõe sobre a competência, a composição e o funcionamento do Conselho Consultivo da Corde.[81]

O Decreto nº 3.076, de 1 de junho de 1999, revogado pelo Decreto nº 3.298/99, cria, no âmbito do Ministério da Justiça, o Conselho Nacional dos Direitos da Pessoa com Deficiência (Conade), e dá outras providências[82], entre as quais:

> [...]
>
> VI – propor a elaboração de estudos e pesquisas que objetivem a melhoria da qualidade de vida da pessoa portadora de deficiência.
>
> VII – propor e incentivar a realização de campanhas visando à prevenção de deficiências e a promoção dos direitos da pessoa portadora de deficiência.[83]

Nesse contexto, a falta de dados oficiais sobre o acesso e a permanência de alunos com deficiência e/ou com necessidades educacionais específicas nas IES dificultam estudos sobre a realidade da Educação Especial na Educação Superior.

O Decreto nº 3.298, de 20 de dezembro de 1999, regulamenta a Lei nº 7.853, de 24 de outubro de 1989, dispõe sobre a Política Nacional para a Integração da Pessoa "Portadora" de Deficiência, consolida as normas de proteção, e dá outras providências. Entre as quais:

> Art. 5º – [...]
>
> III – Respeito às pessoas portadoras de deficiência, que devem receber igualdade de oportunidades na sociedade por reconhecimento dos direitos que lhes são assegurados, sem privilégios ou paternalismo;

---

[81] Ibid.
[82] Ibid.
[83] Ibid., p. 196.

> Art. 6º – [...]
>
> I – Estabelecer mecanismos que acelerem e favoreçam a inclusão social da pessoa portadora de deficiência;
>
> [...]
>
> III – Incluir a pessoa portadora de deficiência, respeitadas as suas peculiaridades, em todas as iniciativas governamentais relacionadas à educação, à saúde, ao trabalho, à edificação pública, à previdência social, à assistência social, ao transporte, à habitação, à cultura, ao esporte e ao lazer;
>
> [...]
>
> Art. 24 – [...]
>
> II – A inclusão, no sistema educacional, da educação especial como modalidade de educação escolar que permeia transversalmente todos os níveis de ensino;
>
> [...]
>
> § 5º – Quando da construção e reforma de estabelecimentos de ensino deverá ser observado o atendimento às normas técnicas da Associação Brasileira de Normas Técnicas-ABNT relativas à acessibilidade;
>
> Art. 27 – As instituições de ensino superior deverão oferecer adaptações de provas e os apoios necessários, previamente solicitados pelo aluno portador de deficiência, inclusive tempo adicional para realização das provas, conforme as características da deficiência.[84]

A respeito do assunto abordado no Decreto nº 3.298, anteriormente pontuado, percebe-se que apesar da consolidação das normas de integração e proteção das pessoas com deficiência em todos os setores da sociedade, e principalmente nos níveis de ensino, na prática ainda se verifica IES na qual a "inclusão" ocorre apenas em relação ao acesso físico, havendo, porém, uma série de mecanismos de exclusão quanto à permanência dessas pessoas, devido à falta de recursos materiais e humanos especializados.

Em 2000, a Lei Federal nº 10.048, de 8 de novembro, dispõe atendimento prioritário às pessoas com deficiência física, em que essas têm atendimentos prioritários, nos termos da referida Lei - Art. 1º.[85]

---

[84] GOTTI, 2004, p. 257-258.
[85] RAMOS, 2002.

No mesmo período, a Lei nº 10.098 de 19 de dezembro de 2000 estabelece normas gerais e critérios básicos para a promoção da acessibilidade das pessoas com deficiência ou com mobilidade reduzida, e dá outras providências. Entre as quais:

> [...]
>
> Art. 5º – O projeto e o traçado dos elementos de urbanização públicos e privados de uso comunitário, nestes compreendidos os itinerários e as passagens de pedestres, os percursos de entrada e saída de veículos, as escadas e rampas, deverão observar os parâmetros estabelecidos pelas normas técnicas de acessibilidade da Associação Brasileira de Normas Técnicas-ABNT.
>
> [...]
>
> Art. 11 – A construção, ampliação ou reforma de edifícios públicos ou privados destinados ao uso coletivo deverão ser executados de modo que sejam ou se tornem acessíveis às pessoas portadoras de deficiência ou com mobilidade reduzida.
>
> Art. 16 – Os veículos de transporte coletivo deverão cumprir os requisitos de acessibilidade estabelecidos nas normas técnicas específicas.
>
> Art. 17 – O Poder Público promoverá a eliminação de barreiras na comunicação e estabelecerá mecanismos e alternativas técnicas que tornem acessíveis os sistemas de comunicação e sinalização às pessoas portadoras de deficiência sensorial e com dificuldade de comunicação, para garantir-lhes o direito de acesso à informação, à comunicação, ao trabalho, à educação, ao transporte, à cultura, ao esporte e ao lazer.
>
> Art. 18 – O Poder Público implementará a formação de profissionais intérpretes de escrita em braille, linguagem de sinais e de guias intérpretes, para facilitar qualquer tipo de comunicação direta à pessoa portadora de deficiência sensorial e com dificuldade de comunicação.[86]

Torna-se necessário ressaltar que acessibilidade não se resume apenas ao espaço físico, mas inclui a remoção de barreiras arquitetônicas e atitudinais que dificultam os alunos com deficiência e/ou com necessidades educacionais específicas terem acesso aos conhecimentos socioculturais, produzidos.

---
[86] GOTTI, op. cit., p. 137-140.

Em 2001, a Lei nº 10.172, de 9 de janeiro, aprova o Plano Nacional de Educação e dá outras providências. Na Educação Superior, estabelece, em nível nacional, diretrizes curriculares que assegurem a necessária flexibilidade e diversidade nos programas de estudos oferecidos pelas diferentes instituições de educação superior, de forma a melhor atender às necessidades diferenciais dos discentes e às peculiaridades das regiões nas quais se inserem; criar políticas que facilitem às minorias, vítimas de discriminação, o acesso à Educação Superior, por meio de programas de compensação de deficiências de sua formação escolar anterior, permitindo-lhes, desta forma, competir em igualdade de condições nos processos de seleção e de admissão a esse nível de ensino.[87]

Ainda de acordo com a Lei nº 10.172/01, oferecer condições adequadas de acesso e permanência aos alunos com deficiência e/ou com necessidades educacionais específicas nas instituições de educação superior não se trata de assistencialismo, mas sim de justiça aos direitos de cidadãos dos referidos alunos.

De acordo com Laura Moreira:

> [...] o Plano Nacional de Educação (Lei nº 10.172, de 10/01/2001) aponta a precariedade de estatísticas completas neste contexto. Faltam até dados sobre o número de pessoas com necessidades especiais atendidas no Brasil. [...] Todavia, não é possível desvincular a falta de dados precisos sobre esse alunado no ensino superior e sua exclusão da, e na, educação básica.[88]

No período abordado, a falta de dados oficiais sobre alunos com deficiência e/ou com necessidades educacionais específicas nas IES denuncia a falta de operacionalização das leis existentes, fato este que não viabiliza a inclusão dessas pessoas na Educação Superior.

A Resolução nº 2, de 11 de setembro de 2001, do Conselho Nacional de Educação/Câmara de Educação Básica (CNE/CEB), institui Diretrizes Nacionais para a Educação Especial na Educação Básica, destacando que:

---
[87] GOTTI, 2004.
[88] MOREIRA, 2005, p. 41-42.

> Os sistemas de ensino devem conhecer a demanda real de atendimento a alunos com necessidades educacionais especiais, mediante a criação de sistemas de informação e o estabelecimento de interface com os órgãos governamentais responsáveis pelo Censo Escolar e pelo Censo Demográfico, para atender a todas as variáveis implícitas à qualidade do processo formativo desses alunos.[89]

A respeito do que se observa em relação à preocupação com o atendimento desses alunos na Educação Básica, Laura Moreira destaca:

> As estatísticas oficiais, os estudos e pesquisas, em sua maioria no Brasil, elucidam acerca da condição desse alunado na educação básica, quase nada se tem sobre essa situação no ensino universitário, o que indica a carência de reflexões e, sobretudo, políticas públicas que contemplem ações que avancem para uma educação inclusiva no ensino superior.[90]

No Decreto nº 3.952, de 4 de outubro de 2001, o Conselho Nacional de Combate à Discriminação (CNCD) estabelece que "[...] compete propor, acompanhar e avaliar as políticas públicas afirmativas de promoção da igualdade e da proteção dos direitos de indivíduos e grupos sociais e étnicos afetados por discriminação racial e demais formas de intolerância".[91] É importante registrar que no referido documento não se observa nenhuma referência aos alunos com deficiências sensorial e física e/ou com necessidades educacionais especiais.

Em 2001, o Decreto nº 3.956, de 8 de outubro, promulga a Convenção Interamericana para a Eliminação de Todas as Formas de Discriminação contra as Pessoas Portadoras (sic) de Deficiência, na qual se afirma que elas têm os mesmos direitos humanos e liberdades fundamentais iguais aos de outras pessoas e que estes direitos, inclusivamente o direito de não serem submetidas à discriminação com base na deficiência, emanam da dignidade e da igualdade inerentes a todo ser humano.[92]

---

[89] GOTTI, op. cit., p. 13.
[90] MOREIRA, 2005, p. 38.
[91] BRASIL. **Decreto nº 3.952**, de 4 de outubro de 2001. Dispõe sobre o Conselho Nacional de Combate à Discriminação – CNCD. Brasília, DF, 2001b. Disponível em: <http://www.planalto.gov.br/ccivil_03/decreto/2001/D3952.htm>. Acesso em: 10 mar. 2015.
[92] GOTTI, 2004.

Em relação ao assunto anteriormente abordado, sabe-se que as barreiras atitudinais são mais difíceis de serem removidas do que as arquitetônicas, até por serem subjetivas e dependerem exclusivamente da conscientização, aliada à sensibilização da sociedade como um todo.

No ano de 2002, a Lei Federal nº 10.436, de 24 de abril, dispõe sobre a Língua Brasileira de Sinais (Libras) e dá outras providências, entre as quais:

> [...]
>
> Parágrafo Único – Entende-se como Língua Brasileira de Sinais-Libras a forma de comunicação e expressão, em que o sistema linguístico de natureza visual-motora, com estrutura gramatical própria, constitui um sistema linguístico de transmissão de ideias e fatos, oriundos de comunidades de pessoas surdas do Brasil.
>
> [...]
>
> Art. 4º – O sistema educacional federal e os sistemas educacionais estaduais, municipais e do Distrito Federal devem garantir a inclusão nos cursos de formação de Educação Especial, de Fonoaudiologia e de Magistério, em seus níveis médio e superior, do ensino da Língua Brasileira de Sinais-Libras, como parte integrante dos Parâmetros Curriculares Nacionais – PCNs, conforme legislação vigente.
>
> Parágrafo único – A Língua Brasileira de Sinais-Libras não poderá substituir a modalidade escrita da língua portuguesa.[93]

Faz-se importante registrar que a falta de intérpretes em Libras dificulta e/ou impossibilita o acesso ao conhecimento por parte dos alunos com deficiência auditiva e/ou surdos em todos os níveis de ensino, inclusive na educação superior.

Em 2003, a Portaria nº 3.284, de 7 de novembro, dispõe sobre requisitos de acessibilidade de pessoas com deficiência para instruir os processos de autorização e de reconhecimentos de cursos, e de credenciamento de instituições.[94] O Ministro de Estado da Educação Rubem Fonseca Filho, à época, Interino, no uso de suas atribuições, tendo em

---

[93] Ibid., p. 241.
[94] GOTTI, 2004.

vista o dispositivo na Lei nº 9.131, de 24 de dezembro de 1995, na Lei nº 9.394, de 20 de dezembro de 1996, e no Decreto nº 2.306, de 19 de agosto de 1997, e considerando a necessidade de assegurar às pessoas com deficiência física e sensorial, condições básicas de acesso ao Ensino Superior, de mobilidade e de utilização de equipamentos e instalações de ensino, resolve, no Art. 1º:

> Determinar que sejam incluídos nos instrumentos destinados a avaliar as condições de oferta de cursos superiores, para fins de autorização e reconhecimento e de credenciamento de instituições de ensino superior, bem como para renovação, conforme as normas em vigor, requisitos de acessibilidade de pessoas portadoras de necessidades especiais.[95]

A respeito da Portaria nº 3.284, observa-se uma certa falta de conhecimento e/ou operacionalização de que fala a lei sobre requisitos de acessibilidade. Requisitos como colocação de rampas nos prédios; elevadores; banheiros adaptados e vagas em estacionamentos estão garantidos e existem de fato. Mas, de acordo com Edilson Duarte, "É a inclusão por decreto, e não por transformação social".[96]

Em 2004, o Decreto nº 5.296 regulamenta as Leis nº 10.048/2000, que dá prioridade de atendimento às pessoas que especifica, e a Lei nº 10.098/2000, que estabelece normas gerais e critérios básicos para a promoção da acessibilidade das pessoas com deficiência ou com mobilidade reduzida, e dá outras providências,[97] dentre essas, esclarece que deficiência física é a alteração completa ou parcial de um ou mais segmentos do corpo humano, acarretando o comprometimento da função física, apresentando-se sob a forma de paraplegia, paraparesia, monoplegia, monoparesia, tetraplegia, tetraparesia, triplegia, triparesia, hemiplegia, hemiparesia, ostomia, amputação ou ausência de membro,

---
[95] Ibid., p. 295.
[96] DUARTE, E. Inclusão e acessibilidade: contribuições da educação física adaptada. **Revista da Sociedade Brasileira da Atividade Motora Adaptada**, Rio Claro, v. 10, n. 1, p. 27-30, dez. 2005. Suplemento. p. 28.
[97] BRASIL. **Decreto nº 5.296**, de 2 de dezembro de 2004. Regulamenta as Leis nº[os] 10.048, de 8 de novembro de 2000, que dá prioridade de atendimento às pessoas que especifica, e 10.098, de 19 de dezembro de 2000, que estabelece normas gerais e critérios básicos para a promoção da acessibilidade das pessoas portadoras de deficiência ou com mobilidade reduzida, e dá outras providências. Brasília, DF, 2004b. Disponível em: <http://www.planalto.gov.br/ccivil_03/_ato2004-2006/2004/decreto/d5296.htm>. Acesso em: 20 jan. 2014.

paralisia cerebral, nanismo, membros com deformidade congênita ou adquirida, exceto as deformidades estéticas e as que não produzam dificuldades para o desempenho de funções; deficiência auditiva é a perda bilateral, parcial ou total, de 41 decibéis (dB) ou mais, aferida por audiograma nas frequências de 500HZ, 1.000HZ, 2.000Hz e 3.000Hz; deficiência visual – cegueira é quando a acuidade visual é igual ou menor do que 0,05 no melhor olho, com a melhor correção óptica; a baixa visão significa acuidade visual entre 0,3 e 0,05 no melhor olho, com a melhor correção óptica, bem como os casos em que a somatória da medida do campo visual em ambos os olhos for igual ou menor do que 60°; ou a ocorrência simultânea de quaisquer das condições anteriores.[98]

Nesse sentido, as condições favoráveis de acessibilidade, por si só, não são o único meio para que a inclusão social ocorra; essa depende de toda a sociedade. De acordo com os próprios alunos, participantes deste estudo, incluir não significa apenas construir rampas. E, como ressalta Elaine Oliveira, a acessibilidade é um dos caminhos para a inclusão do estudante com deficiência e/ou com necessidade educacional específica no contexto universitário.[99]

A respeito da Legislação Federal que viabiliza o acesso, a permanência e o atendimento educacional especializado de alunos com deficiência e/ou com necessidades educacionais específicas em todos os níveis de ensino, concorda-se com a Política Nacional de Educação Especial de 1994, ao afirmar que: "O discurso democrático nem sempre corresponde à prática das interações humanas; alguns segmentos da comunidade permanecem à margem, discriminados, exigindo ordenamentos sociais específicos, que lhes garantam o exercício dos direitos e deveres."[100]

De acordo com Iria Brzezinski, a experiência histórica da sociedade brasileira é marcada pela realidade brutal da violência, do autoritarismo, da dominação, da injustiça, da discriminação, da exclusão, enfim, da falta do direito, uma vez que o nosso país não tem sido um Estado de

---

[98] GOTTI, 2004.
[99] OLIVEIRA, E. T. G. **Acessibilidade na Universidade Estadual de Londrina:** o ponto de vista do estudante com deficiência. 2003. Dissertação (Mestrado) – Universidade Estadual Paulista, Marília, 2003 apud MANZINI, 2005.
[100] BRASIL. Ministério da Educação. Secretaria de Educação Especial. **Política Nacional de Educação Especial:** livro 1. Brasília, DF, 1994a.

Direito. Ele sempre foi, sob as mais variadas formas, um Estado de fato, no qual as decisões são tomadas e implementadas sob o uso da força e da dominação. Não é um agenciador dos interesses coletivos, e muito menos dos interesses dos segmentos mais excluídos da população, que constitui sua sociedade civil.[101]

Sobre os direitos das pessoas com deficiência, Demerval Saviani ressalta que é preciso fazer a distinção entre objetivos proclamados e objetivos reais, pois enquanto os primeiros se situam num plano ideal, no qual o consenso, a convergência de interesses é sempre possível, os objetivos reais situam-se num plano em que se defrontam interesses divergentes e, por vezes, antagônicos, determinando o curso das ações que controlam o processo, mostrando que os objetivos proclamados tendem a mascarar os objetivos reais.[102]

De acordo com Norberto Bobbio, existe uma enorme diferença entre os direitos proclamados por instituições internacionais e nos congressos, dos direitos que a esmagadora maioria da humanidade não possui de fato, ainda que sejam solenes e repetidamente proclamados.[103] Não é suficiente ter informações sobre os direitos, mas que de fato sejam legitimados no cotidiano.

Sabe-se que os desafios a serem transpostos para que ocorra o rompimento dos preconceitos e comportamentos sociais excludentes, que ainda estão amplamente presentes na prática de grande parte das pessoas, são enormes, portanto, o papel da educação superior no processo de desconstrução dos estigmas em relação ao potencial humano das pessoas com deficiência é incontestável.

Marcos Mazzotta chama atenção para o fato de que, enquanto na Legislação e nos Planos Nacionais de Educação mais recentes está presente uma visão dinâmica da relação entre os educandos e o sistema de ensino, nos textos legais, nos planos educacionais e nos documentos específicos em Educação Especial, observa-se a presença de uma visão estática.[104]

---
[101] BRZEZINSKI, 1997.
[102] SAVIANI, D. **A nova lei da educação**: trajetória, limites e perspectivas. Campinas: Autores Associados, 1997.
[103] BOBBIO, 1992.
[104] MAZZOTTA, 2001.

As ações de caráter assistencialista presentes ao longo de toda a história da educação especial afrontam a dignidade humana, pois cidadania é uma conquista e não uma doação. As IES devem primar pela construção de instrumentos com base nos direitos e deveres do cidadão que garantam o acesso, a permanência e o atendimento especializado aos alunos com necessidades educacionais específicas.

Diante da questão das políticas afirmativas em relação às cotas às pessoas afrodescendentes, indígenas e às destinadas aos discentes egressos de escolas públicas às IES, inicia-se a problematização sobre os, também, direitos das pessoas com deficiência à educação superior.

No ano de 2006, a Legislação Federal ressalta que as pessoas com deficiência e/ou com necessidades educacionais específicas têm direitos ao acesso, à permanência e ao atendimento educacional especializado em todos os níveis de ensino, visando ao pleno desenvolvimento delas, ao exercício da cidadania e à qualificação para o trabalho.[105]

No contexto mencionado, o início do processo de reserva de vagas às pessoas com deficiência na educação superior inicia-se com algumas instituições de educação superior reservando vagas no concurso vestibular às referidas pessoas.

Sobre o assunto em questão, relembra-se, com Joaquim Gomes, que as ações afirmativas correspondem ao conjunto de políticas públicas e privadas de caráter compulsório, facultativo ou voluntário, que visam combater a discriminação racial, de gênero, das pessoas com deficiência etc., bem como minimizar e/ou corrigir os efeitos causados pelas discriminações às referidas pessoas, tendo por objetivo a efetiva igualdade de acesso a bens fundamentais como a educação e o emprego.[106]

Em 2008, a Política Nacional de Educação Especial na Perspectiva da Educação Inclusiva enfatiza que, dentre outros, na educação superior, a educação especial se efetiva por meio de ações que promovam o acesso, a permanência e a participação dos alunos, envolvendo planejamento e organização de recursos e serviços para

---

[105] BLATTES, R. L. (Org.). **Direito à educação**: subsídios para a gestão dos sistemas educacionais: orientações gerais e marcos legais. 2. ed. Brasília, DF: MEC/SEESP, 2006.
[106] GOMES, J. B. B. **O debate constitucional sobre ações afirmativas**. Rio de Janeiro, 2005. Disponível em: <http://www.mundojuridico.adv.br/siartigosar>. Acesso em: 9 set. 2015.

a promoção da acessibilidade arquitetônica, nas comunicações, nos sistemas de informação, nos materiais didáticos e pedagógicos, disponibilizados nos processos seletivos e no desenvolvimento de todas as atividades que envolvam o ensino, a pesquisa e a extensão.[107]

Ainda em 2008, o Laboratório de Políticas Públicas do Rio de Janeiro informa que sete Universidades Federais já tinham adotado a reserva de vagas para pessoas com deficiência na educação superior, essas foram: Universidade Federal do Pará, Universidade Federal do Acre, Universidade Federal do Maranhão, Universidade Federal da Paraíba, Universidade Federal do Paraná, Universidade Federal de Santa Maria e Universidade Federal do Pampa.[108]

Em 2011, o Decreto Nº 7.611, de 17 de novembro, dispõe sobre a Educação Especial, o atendimento educacional especializado e dá outras providências, dentre as quais: considera público-alvo da educação especial as pessoas com deficiência, com transtornos globais do desenvolvimento e com altas habilidades/superdotação; garantia de um sistema educacional inclusivo em todos os níveis, sem discriminação e com base na igualdade de oportunidades; adoção de medidas de apoio individualizadas e efetivas, em ambientes que maximizem o desenvolvimento acadêmico e social, de acordo com a meta de inclusão plena. Dispõe, ainda, sobre o atendimento educacional Especializado, prevendo estruturação de Núcleos de acessibilidade nas Instituições Federais de Educação Superior, visando à eliminação de barreiras físicas, de comunicação e de informação que restringem a participação e o desenvolvimento acadêmico e social de estudantes com deficiência.[109]

Ainda em 2011, o Decreto nº 7.612 de 17 de novembro, institui o Plano Nacional dos Direitos da Pessoa com Deficiência (Plano Viver sem Limite), esclarecendo que são consideradas pessoas com deficiência as

---

[107] BRASIL. Ministério da Educação. Secretaria de Educação Especial. **Política Nacional de Educação Especial na Perspectiva da Educação Inclusiva**. Documento elaborado pelo Grupo de Trabalho nomeado pela Portaria Ministerial nº 555, de 5 de junho de 2008, prorrogada pela Portaria nº 948, de 09 de outubro de 2008. Brasília, DF, 2008. Disponível em: <http://portal.mec.gov.br/seesp/arquivos/pdf/politica.pdf>. Acesso em: 8 out. 2014.
[108] FERREIRA, R.; BORBA, A. **Mapa das ações afirmativas no ensino superior**. Rio de Janeiro: LPP, 2008.
[109] BRASIL. **Decreto nº 7.611**, de 17 de novembro de 2011. Dispõe sobre o Atendimento Educacional Especializado, prevendo estruturação de Núcleos de acessibilidade nas Instituições Federais de Educação Superior. Brasília, DF, 2011a. Disponível em: <http://www.planalto.gov.br/ccivil_03/_ato2011-2014/2011/decreto/d7611.htm>. Acesso em: 10 nov. 2014.

que possuem impedimentos de longo prazo de natureza física, mental, intelectual ou sensorial, os quais, em interação com diversas barreiras, podem obstruir sua participação plena e efetiva na sociedade em igualdades de condições com as demais pessoas.[110]

Em 2013, o Programa Incluir: Acessibilidade à Educação Superior teve por objetivo promover a inclusão de discentes com deficiência, na educação superior, garantindo condições de acessibilidade nas Instituições Federais de Educação Superior, assim como adequação arquitetônica para acessibilidade nos diversos ambientes das Instituições Federais de Ensino Superior (IFES) – rampa, barra de apoio, corrimão, piso e sinalização tátil, sinalizadores, alargamento de portas e vias, instalação de elevadores, dentre outras –; Aquisição de recursos de tecnologia assistiva para promoção de acessibilidade pedagógica, nas comunicações e informações, aos estudantes com deficiência e demais membros da comunidade universitária – computador com interface de acessibilidade, impressora Braille, linha Braille, lupa eletrônica, teclado com colmeia, acionadores acessíveis, dentre outros; Aquisição e desenvolvimento de material didático e pedagógico acessíveis; Aquisição e adequação de mobiliários para acessibilidade.[111]

Em 2015, a Lei nº 13.146/15 institui a Lei Brasileira de Inclusão da Pessoa com deficiência, enfatizando, no capítulo IV do Direito à Educação - Art. 28/ II, o aprimoramento dos sistemas educacionais, visando garantir condições de acesso, permanência, participação e aprendizagem, por meio da oferta de serviços e de recursos de acessibilidade que eliminem as barreiras e promovam a inclusão plena e assegurando, no capítulo IV, Art. 28 – V, a adoção de medidas individualizadas e coletivas em ambientes que maximizem o desenvolvimento acadêmico e social dos estudantes com deficiência, favorecendo o acesso, a permanência, a participação e a aprendizagem em instituições de ensino.[112]

---

[110] BRASIL, 2011b.
[111] BRASIL. Ministério da Educação. Secretaria de Educação Especial. **Programa Incluir**: acessibilidade à educação superior. Brasília, DF, 2013. Disponível em: <http://portal.mec.gov.br/index.php?option=com_docman&view=download&alias=13292-doc-ori-progincl&category_slug=junho-2013-pdf&Itemid=30192>. Acesso em: 19 nov. 2014.
[112] BRASIL. **Lei nº 13.146**, de 6 de julho de 2015. Institui a Lei Brasileira de Inclusão da Pessoa com Deficiência (Estatuto da Pessoa com Deficiência). Disponível em: <http://www.planalto.gov.br/ccivil_03/_Ato2015-2018/2015/Lei/L13146.htm>. Acesso em: 15 fev. 2015.

Com base no cumprimento das referidas Leis, que objetivam garantir os direitos das pessoas com deficiência e/ou com necessidades educacionais específicas, bem como efetivarem as Políticas Nacionais Públicas, necessário se faz tecer algumas considerações sobre as perspectivas e expectativas da Educação Inclusiva no século XXI.

1.3 Perspectivas e expectativas da educação inclusiva no século XXI

O processo de inclusão de pessoas com deficiência e/ou com necessidades educacionais específicas no contexto educacional e profissional é responsabilidade de todos os que fazem parte da sociedade. A respeito do que se afirma, Claudia Werneck ressalta que "inclusão é, primordialmente, uma questão de ética".[113]

Nesse sentido, em relação aos desafios a serem superados para que as pessoas consideradas, público-alvo da educação especial, tenham condições de acesso, permanência, atendimento educacional especializado, bem como respeito às suas necessidades específicas, no processo educacional e profissional, Peter Mittler acrescenta que:

> O maior obstáculo para a mudança está dentro das pessoas, seja em suas atitudes, seja nos seus medos. A inclusão é uma visão, uma estrada a ser viajada sem fim, com todos os tipos de barreiras e obstáculos, alguns dos quais estão em nossas mentes e em nossos corações.[114]

Sobre o contexto apresentado, Kenn Jupp ressalta que "a ideologia da inclusão está rapidamente se tornando um princípio estimulado em toda parte do mundo. Engloba tudo que é necessário para transformar o caminho moral, financeiro e físico descendente numa trajetória ascendente".[115] Assim, quais são os princípios da inclusão?

Segundo o princípio orientador "Escola para Todos" da Declaração de Salamanca e Linhas de Ação sobre Necessidades Educativas Especiais, é de que:

---

[113] WERNECK, C. **Ninguém mais vai ser bonzinho na sociedade inclusiva**. Rio de Janeiro: WVA, 2000, p. 21.
[114] MITTLER, P. **Educação inclusiva**: contextos sociais. Porto Alegre: Artmed, 2003, p. 16-17.
[115] JUPP, K. **Viver plenamente**: convivendo com as dificuldades de aprendizagem. São Paulo: Papirus, 1998, p. 25.

> [...] as escolas deveriam acomodar todas as crianças independentemente de suas condições físicas, intelectuais, sociais, emocionais, linguísticas ou outras. Deveriam incluir crianças deficientes e superdotadas, crianças de rua e que trabalham, crianças de origem remota ou de população nômade, crianças pertencentes a minorias linguísticas, étnicas ou culturais e crianças de outros grupos em desvantagens ou marginalizados [...].[116]

Relembra-se que, quando o Brasil adotou a proposta da Declaração de Salamanca, comprometeu-se com a construção de um sistema educacional inclusivo, especialmente no que se refere à população de alunos com necessidades educacionais especiais/específicas. Ao assumir tal compromisso, o País determinou-se à profunda transformação do Sistema Educacional Brasileiro, de forma a poder acolher todas as crianças nas escolas, indiscriminadamente, com qualidade e igualdade de condições.

De acordo com a Declaração de Salamanca:

> [...] escolas inclusivas devem reconhecer e responder às necessidades diversas de seus alunos, acomodando ambos os estilos e ritmos de aprendizagem e assegurando uma educação de qualidade a todos através de um currículo apropriado, arranjos organizacionais, estratégias de ensino, uso de recurso e parceria com as comunidades.[117]

Nos anos de 1994, a Política Nacional de Educação Especial proposta pelo MEC, à época, baseada na Declaração Mundial sobre Educação para Todos, estabelecida em Jomtien, Tailândia, de março de 1990, reforça, ainda mais, a crítica ao chamado processo segregatório de ensino, ressaltando que o papel assumido pela educação especial é muito relevante, dentro da perspectiva de atender às crescentes exigências de uma sociedade em processo de renovação e de busca incessante da democracia, que só será alcançada quando todas as pessoas, indiscriminadamente, tiverem acesso à informação, ao conhecimento e aos meios necessários para a formação de sua plena cidadania.[118]

---
[116] ORGANIZAÇÃO DAS NAÇÕES UNIDAS PARA A EDUCAÇÃO, A CIÊNCIA E A CULTURA, 1994, p. 3.
[117] Ibid, p. 5.
[118] BRASIL, 1994a.

Importante reforçar que o objetivo de formar para o exercício continuado da cidadania deve ter como desafio levar a educação para todos, reduzindo as desigualdades e respeitando a diversidade. O respeito à diversidade implica ressaltar que todo aluno tem seu ritmo próprio, e é necessário garantir que todos tenham as mesmas condições de acesso ao conhecimento diversificado. Diante do exposto, é importante frisar que a educação inclusiva se caracteriza como uma política de justiça social, que deve congregar todas as pessoas excluídas dos diferentes sistemas sociais, incluindo aquelas com deficiência e/ou com necessidades educacionais específicas.

Em relação à inclusão de pessoas com deficiência e/ou com necessidades educacionais específicas, Vitor Fonseca afirma que "nenhum sistema de ensino poderá 'impor' uma homogeneidade ou normalidade ideal. Este apuramento de competência foi e é preocupação de regimes alienados fascizantes".[119]

No âmbito da educação, a opção política pela construção de um sistema educacional inclusivo vem coroar um movimento para assegurar a todas as pessoas, inclusive as com deficiência, a convivência digna e respeitosa numa sociedade complexa, preconceituosa e diversificada.

No contexto abordado, Rosa Maria Torres enfatiza que "a Educação Para Todos posiciona-se na linha de construção de um novo paradigma, não só da Educação Básica e do sistema escolar, mas da Educação como um todo".[120]

Nesse sentido, um sistema educacional inclusivo é aquele que permite a convivência de todos no cotidiano, na diversidade que constitui os agrupamentos humanos. Assim, Maria Teresa Mantoan considera a inclusão como uma possibilidade de quebrar o paradigma do sistema vigente:

> As escolas inclusivas propõem um modo de se constituir o sistema educacional que considera as necessidades de todos os alunos e que é estruturado em virtude dessas necessidades. A inclusão causa uma mudança de perspectiva educacional, pois não se

---
[119] FONSECA, 1995, p. 201.
[120] TORRES, 2001, p. 83.

limita a ajudar somente os alunos que apresentam dificuldades na escola, mas apoia a todos: professores, alunos, pessoal administrativo, para que obtenham sucesso na corrente educativa geral.[121]

Assim, a inclusão compreende um valor constitucional que em si deve consubstanciar a aceitação da diferença cultural e social e, em paralelo, a unidade da pessoa humana. Como ressalta Zilma Oliveira e Claudia Davis, "para garantir a todos uma efetiva igualdade de oportunidade para aprender, a escola que se quer democrática deve atender a diversificação da sua clientela".[122] É importante que os profissionais da educação reconheçam as múltiplas formas de aprender, para que minimizem as dificuldades e as deficiências que possam apresentar na compreensão e na aceitação das pessoas com necessidades educacionais especiais enquanto cidadãs eficientes.

De acordo com Maria Luisa Ribeiro,

> É lutando para que todos ingressem e permaneçam na escola, é lutando, portanto, para que os obstáculos escolares e sociais mais gerais que dificultam ou impossibilitam tal ingresso e permanência deixem de existir, que será possível construir uma organização escolar de qualidade.[123]

A respeito das dificuldades vivenciadas no processo ensino-aprendizagem pelas pessoas com deficiência e/ou com necessidades educacionais específicas, Jose Geraldo Bueno esclarece que, "se, por um lado, a questão metodológica tem sido problemática, ela não pode ser analisada independentemente daquele que tem a responsabilidade direta pelo ensino, ou seja, o professor".[124] O professor deve ter consciência de que é um educador, alguém que tem como matéria-prima para trabalho um ser humano, uma pessoa.

Para Maria de Jesús Herrero, o conceito de necessidades edu-

---

[121] MANTOAN, M. T. E. **A integração de pessoas com deficiência**: contribuições para uma reflexão sobre o tema. São Paulo: Memnon; SENAC, 1997, p. 45.
[122] OLIVEIRA, Z.; DAVIS, C. **Psicologia na educação**. São Paulo: Cortez, 1994, p. 11.
[123] RIBEIRO, 1991, p. 175.
[124] BUENO, J. G. S. A educação do deficiente auditivo no Brasil: situações atual e perspectivas. In: ALENCAR, E. M. L. S. de (Org.). **Tendências e desafios da educação especial**. Brasília, DF: SEESP, 1994. p. 35-49, p. 42.

cacionais especiais e a realidade da inclusão das referidas pessoas em instituições de ensino têm determinado notáveis modificações na concepção de currículo, nos métodos de ensino, na atuação administrativa e, com certeza, na formação de professores, pois, ainda que a atenção às pessoas com deficiência e/ou com necessidades educacionais específicas seja um trabalho de equipe (pedagogo, psicopedagogo, psicólogo, fonoaudiólogo, fisioterapeuta, médico etc.), professores especializados têm um papel fundamental na atuação diária com esses alunos, pois são eles que devem realizar uma intervenção mais direta e cotidiana.[125]

Sobre o potencial humano das pessoas com deficiência, Elizabeth Bregantini e Eloísa Fagalli ressaltam que já se acredita no potencial das referidas pessoas e já existe um movimento de integração/inclusão, mas, como as atitudes de integração e de segregação sofrem influências dos arquétipos coletivos, vive-se em um momento de transição, pois, ao mesmo tempo em que se aposta na inclusão, as práticas, de um modo geral, continuam tendo uma natureza segregacionista e integracionista.[126]

Observa-se que, de modo geral, pessoas com deficiência e/ou com necessidades educacionais específicas ainda não se encontram incluídas, adequadamente, nas instituições de educação superior e no mercado de trabalho formal. A real situação dessas encontra-se ainda marcada por desinformações a respeito da "deficiência". Como ressaltado por Maud Mannoni, quando se olha alguém como deficiente, dificilmente a pessoa consegue escapar desse olhar.[127] Isso significa que existem pessoas que associam a deficiência com a incapacidade e, com isso, limitam as oportunidades das pessoas com deficiência de desenvolverem suas potencialidades. Por isso, Rosana Glat destaca a importância de se pensar a inclusão como um processo e não como um fim em si mesma, visto que envolve diretamente o relacionamento entre os seres humanos.[128]

Diante do assunto abordado, Rosita Carvalho pontua que a educação deve restabelecer seu sentido humano, permitindo às pessoas e

---

[125] HERRERO, M. J. P. **Educação de alunos com necessidades especiais**. Bauru: EDUSC, 2000.
[126] BREGANTINI, E. C.; FAGALLI, E. (Org.). **Múltiplas faces do aprender**: novos paradigmas da pós-modernidade. São Paulo: Unidas, 2001.
[127] MANNONI, M. **A criança atrasada e a mãe**. Lisboa: Moraes, 1977.
[128] GLAT, 1995.

aos povos apropriarem-se de suas histórias, aproximando o presente do futuro idealizado, removendo barreiras, injustiças, enfim, assumindo seu caráter emancipatório, de satisfação pessoal, de respeito e valorização das diferenças.[129] Quanto maiores forem as oportunidades de acesso, permanência e atendimento educacional especializado, com sucesso, nos sistemas educacionais, maiores serão as possibilidades de construir identidades nacionais, éticas e culturais, dispondo-se de todos os instrumentos necessários para a tradução dos múltiplos e cambiantes cenários, com seus atores e valores que se apresentam permanentemente.

Essas perspectivas citadas no parágrafo anterior sustentam a Educação Especial, prevalecendo a importância de atender às necessidades educacionais específicas de discentes, que possuem características diferenciadas da maioria dos educandos, colocando-os para dentro das Instituições de Ensino e visando à sua inclusão e participação sociais. Ressalta-se que mudanças políticas, educacionais e sociais são necessárias na operacionalização desse princípio. Em termos governamentais, isso implica a reformulação das políticas financeiras e educacionais, além das implementações de projetos que tenham a ideia da inclusão, bem como a preocupação com a adequada formação de professores e educadores.

1.4 O ideal e a realidade da educação especial na perspectiva da inclusão

Destaca-se que na concepção da Educação Especial, na contemporaneidade, a palavra de ordem é inclusão, e que não se deve centrar o olhar na deficiência, mas no potencial do ser humano. Nesse sentido, Claudia Dutra reforça que:

> As políticas dos sistemas de ensino devem prever a eliminação das barreiras à educação dos alunos com necessidades educacionais especiais, promovendo a participação a partir de novas relações entre os alunos, fundamentais para uma socialização

---
[129] CARVALHO, R. E. **Uma promessa de futuro**: aprendizagem para todos e por toda a vida. Porto Alegre: Mediação, 2002.

humanizadora; de novas relações pedagógicas centradas nos modos de aprender das diferentes crianças e jovens; e de relações sociais, que valorizam a diversidade em todas as atividades, espaços e formas de convivência e trabalho.[130]

Sabe-se que o desconhecimento da sociedade e, principalmente, dos educadores em relação aos discentes, considerados público-alvo da educação especial, gera expectativas, conflitos e concepções expressivamente distorcidas, sobretudo as que dizem respeito ao potencial cognitivo dos referidos discentes, isto é, à construção e ao uso do conhecimento que esse aluno "especial" faz, dentre tantos outros equivocados conceitos acerca desse segmento social.

Incluir, significa entender que o desempenho educacional compreende alto índice de produção intelectual, motivação para a aprendizagem e existência de metas e objetivos acadêmicos definidos. No processo educativo, é muito mais importante desenvolver a capacidade de construir o conhecimento do que apenas transferir saberes, que serão decorados e depois esquecidos. É necessário conscientizar o discente a aprender a aprender, traduzido pela capacidade de refletir, de analisar e de tomar consciência do que sabe ou do que não sabe, dispor-se inclusive a mudar os próprios conceitos, buscar novas informações, substituir velhas verdades, e adquirir novos conhecimentos. Nesse contexto, o então Ministro da Educação, Tarso Genro, enfatizava que:

> Implantar uma política inclusiva é o atual desafio da educação brasileira. Nele, conjugam-se o dever do Estado e o direito da Cidadania. Hoje, mais do que ampliar e aprofundar os marcos legais, devemos concretizar, no cotidiano, as conquistas positivas na legislação brasileira em relação às pessoas com necessidades educacionais especiais. Estamos certos de que a educação brasileira, no processo de se fazer inclusiva, converte-se em poderoso instrumento de promoção dos Direitos Humanos e de uma Cultura de Paz.[131]

Maria Teresa Mantoan, ao comentar sobre a transição em torno da inclusão educacional, ressalta que esta gera diferentes sentimentos, inter-

---
[130] DUTRA, C. Apresentação. In: GOTTI, M. de O. (Org.). **Direito a educação**: subsídios para a gestão dos sistemas educacionais: orientações gerais e marcos legais. Brasília, DF: MEC/SEESP, 2004, p. 9.
[131] GOTTI, 2004, p. 8.

rogações e impasses, bem como enfatiza que os educadores brasileiros não podem fugir da responsabilidade de trabalhar em benefício do processo ensino-aprendizagem de discentes com necessidades educacionais específicas, visando o exercício da cidadania de seus alunos.[132]

Para alcançar o intento anunciado, a formação do professor é fundamental para que o processo de educação inclusiva nas instituições de educação superior se efetive. Assim, o educador deve se permitir passar por situações nas quais assuma a posição de aprendiz, experimentando as angústias do não saber ou a percepção da necessidade de "aprender a aprender". Acredita-se que dessa forma o professor possa rever alguns parâmetros que fundamentam seu modelo de aprendizagem e, portanto, adequar, ao século XXI, seu modelo didático.

Além disso, a educação superior, no contexto da educação inclusiva, supõe, na visão de Álvaro Marchesi, o estabelecimento de algumas condições básicas, sendo uma das principais, as transformações desse meio acadêmico, no currículo e nas condições de formação e trabalho dos profissionais de educação.[133] Assim, são necessárias mudanças, também, no contexto da sala de aula, nas formas de trabalhar e de entender o processo ensino-aprendizagem, devendo ser considerado como uma maneira de ensinar que envolve a interação entre o professor, o aluno e os objetos da aprendizagem, de forma global.

Na mesma perspectiva, Ivanilde Oliveira esclarece que a inclusão "propõe ruptura com o modelo institucional, com as práticas pedagógicas vigentes e com o imaginário social de 'incapacidade' existente acerca das pessoas com necessidades educacionais especiais".[134]

Como já mencionado, a proposta da inclusão leva à reflexão sobre os conceitos de deficiência, educação especial e educação de modo geral, onde o foco não deve ser centrado na deficiência, mas sim na possibilidade. Nesse contexto, Rosita Carvalho argumenta que chegará o

---

[132] MANTOAN, M. T. E. **Quem tiver que conte outra!** Caminhos pedagógicos da inclusão: como estamos implementando a educação (de qualidade) para todos nas escolas brasileiras. São Paulo: Memnon, 2001.

[133] MARCHESI, A. Los paradigmas de la educación te a la diversidad humana. In: CONGRESSO IBERO-AMERICANO DE EDUCAÇÃO ESPECIAL, 3., 1998, Foz do Iguaçu. **Diversidade na educação**: desafio para o Novo Milênio. Foz do Iguaçu, 1998.

[134] OLIVEIRA, I. A. **Saberes, imaginários e representações na educação especial**: a problemática ética da "diferença" e da exclusão social. Petrópolis: Vozes, 2004, p. 81.

dia em que a educação formal ficará em harmonia com as necessidades específicas dos indivíduos, na sociedade contemporânea, em que as barreiras para a aprendizagem, que selecionam, expulsam ou empurram os referidos discentes para um destino geralmente imutável e pouco promissor, serão removidas a partir da própria mudança na concepção da educação tradicional, ainda enraizada em muitos educadores.[135]

Continuando, a autora enfatiza, ainda, que a Educação Superior também será reestruturada, com mais ênfase aos estudos e às pesquisas em todas as áreas das ciências sociais e naturais, com a presença da Universidade em todos os debates que tratem do futuro da sociedade e das pessoas com deficiência e/ou com necessidades educacionais específicas.[136]

Para tanto, os educadores devem estudar e trabalhar para ajudar na concretização dessas perspectivas, e as tecnologias da informação e comunicação têm que estar a serviço da educação, sendo acessíveis a todos que se utilizam delas como ferramentas de trabalho, que sejam utilizadas como meios e fins de um processo de construção de conhecimento e nunca como instrumentos de poder, que discriminam e excluem os que a elas não têm acesso.

No contexto mencionado, a Secretaria de Educação Superior (Sesu) é responsável pelo planejamento, pela coordenação e pela supervisão da política nacional do Sistema Federal de Ensino Superior.[137] No começo de 2004, o Ministro da Educação, à época Tarso Genro, iniciou o processo de reforma universitária com a criação de um grupo executivo.

Nesse processo, a meta do então Ministério da Educação foi encaminhar proposta de Lei Orgânica do Ensino Superior ao Congresso Nacional em novembro de 2004, na forma de projeto de lei, prevendo a reserva de 50% das vagas nas universidades federais para estudantes que cursaram o ensino médio em escolas públicas. Dentro dessa cota, estão previstas vagas para negros e indígenas, de acordo

---

[135] CARVALHO, 2002.
[136] Ibid.
[137] BRASIL. Ministério da Educação. Publicações Diversas. **O desafio de educar o Brasil**. Brasília, DF, 2004a. Disponível em: <http://www.mec.gov.br/acs/menu.shtm>. Acesso em: 10 set. 2005.

com a proporção dessas populações nos respectivos estados, segundo o Censo do Instituto Brasileiro de Geografia e Estatística.[138] Prevê, ainda, ocupação de vagas ociosas em universidades privadas, por estudantes que frequentaram o ensino médio na rede pública, com renda familiar de até um salário mínimo *per capita*, e por professores do ensino básico sem curso superior. Observa-se que nesse contexto não são contemplados os discentes com deficiência.

Em 2003, o Censo da Educação Superior, no Estado do Maranhão, registrava um total de 58.765 matrículas na Educação Superior, e é de suma importância registrar que em tal documento não constam dados sobre alunos com deficiência e/ou com necessidades educacionais específicas nas instituições de educação superior.[139] Nesse contexto, Laura Moreira sinaliza que, "a falta de dados oficiais impossibilita, portanto, precisar e até mesmo chegar a indicativos mais concretos sobre sua situação educacional no Brasil".[140]

Diante dos fatos, Sérgio Abranches ressalta que "na Educação, universalizamos a educação básica. Mas não demos o passo seguinte: o da qualidade. Nada fizemos de notável no Ensino médio, A crise universitária é profunda, e até hoje não se vê proposta de reforma que chegue à raiz do problema".[141]

Como visto, as dificuldades de acesso de um maior número de alunos, com ou sem, deficiência e/ou necessidades educacionais específicas na Educação Superior (entre outros motivos), ocorre por falta de uma educação de boa qualidade, recebida durante a Educação Básica e, dentre os referidos alunos, os que estão em maior desvantagem são os com deficiência sensorial e física, por terem grandes dificuldades de acesso aos conhecimentos socioculturais produzidos, tendo como consequência falta de condições de competirem em situação de igualdade por uma vaga no referido nível de ensino. No contexto mencionado, não se observa uma preocupação concreta por parte

---

[138] INSTITUTO BRASILEIRO DE GEOGRAFIA E ESTATÍSTICA, 2000.
[139] INSTITUTO NACIONAL DE ESTUDOS E PESQUISAS EDUCACIONAIS. **Censo da educação superior**: 2003: resumo técnico: tabelas anexo: tab. 33. 2005. Disponível em: <http://portal.inep.gov.br/web/censo-da-educacao-superior/resumos-tecnicos>. Acesso em: 16 ago. 2005.
[140] MOREIRA, 2005, p. 41.
[141] ABRANCHES, S. O debate errado. **Veja**, São Paulo, ed. 1866, p. 75-77, 11 ago. 2004, p. 77.

dos órgãos competentes em relação ao acesso, à permanência e ao atendimento educacional especializado desses alunos a níveis mais elevados de ensino, no caso, à Educação Superior.

Como afirma Elizabeth Torres:

> Aceder ao nível dos estudos universitários é um grande desafio para a maior parte da população brasileira e as dificuldades encontradas pelas pessoas portadoras de deficiência são ainda maiores, pois às barreiras sócio-econômicas comuns se agregam outras barreiras específicas associadas às deficiências, como a falta de aprendizagem dos alunos, a limitação quanto à forma de percepção sensorial, a inadequação do material didático, a falta de ajuda técnica, a ausência de transporte adequado etc., como também as barreiras atitudinais e o confronto com os estereótipos que prevalecem nas relações entre 'normais' e as pessoas portadoras de deficiência.[142]

Diante da situação mencionada, fica evidente a urgência em se operacionalizar Políticas Públicas em Educação Especial e Inclusiva, visando o acesso, a permanência e o atendimento educacional especializado às pessoas com deficiência e/ou com necessidades educacionais específicas em todos os níveis de ensino. No referido contexto histórico apresentado, Thelma Chahini já enfatizava a necessidade de se refletir a respeito da possibilidade de haver cotas para alunos com deficiência e/ou com as referidas necessidades na Educação Superior, considerando-se as reais barreiras impostas pela própria deficiência, além das já existentes por falta de recursos materiais e humanos especializados, que, na maioria das vezes, impossibilitam que essas pessoas tenham acesso aos conhecimentos socioculturais produzidos, da forma adequada.[143] Diante do exposto, Laura Moreira ressalta que, "o fato é que além das barreiras próprias da deficiência, esses estudantes foram excluídos do direito à escola básica, o que, em grande escala, restringiu e, na grande

---

[142] TORRES, E. F. **As perspectivas de acesso ao Ensino Superior de jovens e adultos da Educação Especial.** 2002, 196 f. Tese (Doutorado) – Programa de Pós-Graduação em Engenharia de Produção da Universidade Federal de Santa Catarina, UFSC, Florianópolis, 2002, p. 160.

[143] CHAHINI, T. H. C. **Os desafios do acesso e da permanência de pessoas com necessidades educacionais especiais nas Instituições de Ensino Superior de São Luís – MA.** 2006. 201 f. Dissertação (Mestrado) – Programa de Pós-Graduação em Educação da Universidade Federal do Maranhão, UFMA, São Luís, 2006.

maioria das vezes, impossibilitou sua chegada à universidade".[144]

Segundo Henrique Dussel:

> Esses excluídos, seres humanos com igual dignidade que os demais, merecem uma educação especial para compensar suas dificuldades, de maneira que essa aparente desvantagem se converta em uma qualidade que lhes permita contribuir no desenvolvimento da história humana com soluções que só pode produzir aquele que, na dificuldade, chega a ganhos iguais ou superiores em seu campo.[145]

No contexto abordado, Henrique Dussel, acrescenta ainda, "aquele que tem direito a uma educação especial, porque necessita dela, poderá desenvolver capacidades excepcionais em outros campos compensatórios que serão um exemplo para os demais".[146]

Nesse sentido, a Política Nacional de Educação Especial na Perspectiva da Educação Inclusiva, ao reconhecer a necessidade de mudanças estrutural e cultural nas instituições de ensino, cria alternativas visando à superação da lógica da exclusão e ao atendimento das necessidades educacionais específicas de todos os discentes, bem como esclarece, dentre outros, que na educação superior, a educação especial se efetiva por meio de ações que promovam o acesso, a permanência e a participação de discentes com necessidades educacionais especiais/específicas.[147]

A título de informação, segundo os dados do Censo Demográfico de 2010, 23,9% da população brasileira possui deficiência, dentre essas, visual, auditiva, intelectual e motora, portanto, ações devem ser operacionalizadas em benefício da qualificação educacional e profissional dessas pessoas.[148]

Percebe-se que existem desafios a serem superados não apenas por discentes com deficiência e/ou com necessidades educacionais

---

[144] MOREIRA, 2005, p. 39.
[145] DUSSEL, H. Prefácio. In: OLIVEIRA, I. A. **Saberes, imaginários e representações na educação especial**: a problemática ética da "diferença" e da exclusão social. Petrópolis: Vozes, 2004, p. 9.
[146] Ibid., loc. cit.
[147] BRASIL, 2008.
[148] BRASIL. Secretaria de Direitos Humanos da Presidência da República. Secretaria Nacional de Promoção dos Direitos da Pessoa com Deficiência. Coordenação-Geral do Sistema de Informações sobre a Pessoa com Deficiência. **Cartilha do Censo 2010**: pessoas com deficiência. Brasília, DF, 2012.

específicas no que diz respeito aos obstáculos para adentrarem a Educação Superior e conseguirem permanecer nessa. Esses desafios são também das IES em relação à eliminação de barreiras arquitetônicas e atitudinais, ainda presentes, bem como os envolvendo à qualificação do quadro docente e demais profissionais dessas instituições. Finalmente, o Governo viabiliza a operacionalização das leis já existentes que beneficiam o acesso, a permanência e o atendimento educacional especializado a esses alunos.

Cibele Goldfarb relembra que em decorrência de políticas internacionais e nacionais que visam ao reconhecimento dos direitos humanos, bem como à igualdade de oportunidades a todas as pessoas, é que as pessoas com deficiência passaram a vislumbrar a operacionalização desses direitos, dentre os quais, o direito à educação e ao exercício de atividades profissionais.[149]

Todos nós que fazemos parte da sociedade devemos nos envolver na luta por uma educação de boa qualidade a todas as pessoas, bem como por um mundo mais inclusivo, mais justo e verdadeiramente democrático.

Como enfatizado por Kenn Jupp, "não podemos modificar o mundo inteiro de um dia para o outro, é claro, mas cada um de nós pode se modificar um pouquinho a cada dia".[150] Acredita-se, também, na possibilidade de mudança de atitude por parte de todas as pessoas que trabalham direta e indiretamente com os que apresentam necessidades educacionais específicas, favorecendo a inclusão mútua, tanto dos que ensinam quanto dos que aprendem, no processo ensino-aprendizagem, de forma global.

Diante dos fatos, ressalta-se que o professor do século XXI deve conhecer e saber muito além dos conteúdos curriculares, deve saber mediar o processo ensino-aprendizagem, deve ter competência pedagógica, bem como o domínio da matéria-prima de seu trabalho, o ser humano, em contexto social, cultural, político, econômico etc. "O docente precisa, ainda, ser um profissional transformador, que deseja o

---

[149] GOLDFARB, C. L. **Pessoas portadoras de deficiência e a relação de emprego: o sistema de cotas no Brasil.** Curitiba: Juruá, 2009.
[150] JUPP, 1998, p. 25.

melhor para o ensino e para a aprendizagem".[151]

É inegável a relevância social da educação especial na perspectiva da educação inclusiva às pessoas com deficiência e/ou com necessidades educacionais específicas nas instituições de ensino, pois, sem condições de acesso, permanência e atendimento educacional especializado, bem como sem educação formal de boa qualidade, ficam à margem do exercício da cidadania e, consequentemente, sem condições de inserção no mercado de trabalho formal e competitivo.

---

[151] MANICA, L. E.; CALIMAN, G. **A educação profissional para pessoas com deficiência**: um novo jeito de ser docente. Brasília: Lisber Livro, 2015, p. 81.

CAPÍTULO 2

A INCLUSÃO NO CONTEXTO DA EDUCAÇÃO SUPERIOR

No ano de 1996, a LDB/96 configura o ensino médio como uma etapa de aprofundamento e de consolidação do ensino fundamental, com vistas à preparação básica para o trabalho e para a cidadania. Dispõe, ainda, que a educação profissional deverá estar integrada às diferentes formas de educação, ao trabalho, à ciência e à tecnologia, devendo conduzir o cidadão ao permanente desenvolvimento de aptidões para a vida produtiva, com crescentes graus de autonomia intelectual. Em outras palavras, define que, a rigor, após o ensino médio, tudo é educação profissional.[1]

De acordo com as recomendações para a construção de uma escola inclusiva, os jovens com necessidades educacionais especiais/específicas deverão ser auxiliados, no sentido de realizarem uma transição efetiva da escola para o trabalho.[2] As escolas deverão ajudá-los a se tornar economicamente ativos e promovê-los com as habilidades necessárias ao cotidiano da vida, oferecendo-lhes condições para que correspondam às demandas sociais, de comunicação e às expectativas da vida adulta, implicando na utilização de tecnologias adequadas de treinamento, incluindo experiências diretas em situações da vida real, fora da escola. Necessário enfatizar que, nesse período, percebe-se a não expectativa de os referidos discentes adquirirem qualificação profissional por meio da Educação Superior.

Conforme o Plano Nacional de Educação, as IES têm muito a fazer no conjunto dos esforços nacionais, para colocar o país à altura das exigências e desafios do século XXI, encontrando soluções para os problemas reais, em todos os campos da vida e da atividade humana

---
[1] BRASIL, 1996.
[2] BRASIL. Ministério da Educação. **Adaptações curriculares em ação**: Declaração de Salamanca: recomendações para a construção de uma escola inclusiva. Secretaria de Educação Especial. Brasília, DF, 2002b.

e abrindo um horizonte para a sociedade brasileira em relação a um futuro melhor, reduzindo as desigualdades e as injustiças sociais.[3]

No contexto dos anos de 2003 a 2004, embora se perceba uma maior discussão sobre o acesso e a permanência das pessoas com deficiência na educação superior, de uma maneira geral, as IES brasileiras, ainda, não disponibilizavam atendimento educacional especializado, no decorrer do processo ensino-aprendizagem, a esses cidadãos.

Em 1997, Pedro Demo registra que a maioria das Instituições de Educação Superior afogavam-se em estruturas totalmente arcaicas, e que mesmo buscando definirem-se como inovadoras, faziam parte do atraso, visto que nosso maior atraso histórico não se encontra na economia, mas na educação.[4]

No contexto sinalizado, observa-se que, na maioria das vezes, a arquitetura de seus prédios não oferece condições de acesso facilitado para pessoas em cadeira de rodas, não dispõem de equipamentos adequados para atender alunos com deficiências visual e auditiva e, no que diz respeito à formação, as IES dispõem de poucos profissionais qualificados para trabalhar com as diferenças. Essas dificuldades denotam que a maioria das IES não tinha, expectativa nem perspectiva de receber alunos com tais necessidades educacionais especiais. As equiparações de oportunidades necessárias para o acesso, à permanência e ao atendimento educacional especializado de alunos com deficiência e/ou com necessidades educacionais específicas não integravam o cotidiano da Educação Superior, à época.

Os estudos realizados por Felipe Falcão e outros pesquisadores a respeito da permanência de alunos com necessidades educacionais específicas na Universidade Estadual do Rio de Janeiro (UERJ) sinalizaram a necessidade de ações efetivas para tornar a referida instituição em um ambiente academicamente inclusivo, com adaptações metodológicas e recursos pedagógicos, ressaltando que a maior mudança a ser realizada em tal ambiente compreende mudanças nas relações interpessoais, em que a comunidade universitária pare de ver o aluno com

---

[3] GOTTI, 2004.
[4] DEMO, P. **A nova LDB**: ranços e avanços. Campinas: Papirus, 1997.

deficiência como um "coitado" ou como um "doente", mas sim como um estudante que deve ter sua diversidade respeitada.[5]

Sobre a qualificação de profissionais para trabalharem na educação de pessoas com deficiência e/ou com necessidades educacionais específicas, é importante ressaltar o pensamento de Beatriz Scoz ao afirmar que:

> [...] no que diz respeito ao fracasso escolar, é de fundamental importância instrumentalizar o professor para lidar com essa questão, tornando acessíveis os conhecimentos necessários para o trabalho com as dificuldades de aprendizagem. Para isso, é necessário que o professor consiga subsídios para definir os limites e as possibilidades de sua ação profissional. Dessa forma, sem patologizar os problemas de aprendizagem, nem propor encaminhamentos inúteis, saberá detectar os casos que realmente necessitam de um atendimento mais individualizado.[6]

Nesse contexto, se fez necessário conhecer como a Educação Especial estava inserida nas Instituições de Educação Superior Maranhense, bem como quem eram os professores dos alunos com deficiência e/ou com necessidades educacionais específicas, nas referidas instituições. Nesse sentido, ressalta-se, portanto, a importância de uma formação de boa qualidade para os professores, visando prepará-los ao atendimento educacional especializado de discentes com deficiência em todos os níveis de ensino.

No ano de 2002, José Geraldo Bueno esclarece que o então Conselho Federal de Educação baixou resoluções tornando obrigatória a formação de professores de educação especial em nível superior nos cursos de Pedagogia.[7] Tal fato se deu em decorrência da Lei nº 5.692/71, no seu Art. 29, no qual se definiu que a formação de professores e especialistas para o ensino do 1º e 2º graus, à época, fosse se elevando progressivamente. Somente depois de quase 30 anos após a determinação da obrigatoriedade de formação desse professor em nível superior, a

---

[5] FALCÃO, F. D. C. et al. Educação inclusiva na UERJ: o ingresso de alunos com necessidades educacionais especiais no ensino superior: uma prática em construção. In: II CONGRESSO BRASILEIRO DE EDUCAÇÃO ESPECIAL. II ENCONTRO DA ASSOCIAÇÃO BRASILEIRA DE PESQUISADORES EM EDUCAÇÃO ESPECIAL. 2005. São Carlos. Anais... São Carlos: UFSCar/PPGEEs; ABPEE, 2005.
[6] SCOZ, B. **Psicopedagogia e realidade escolar**: o problema escolar e de aprendizagem. Petrópolis: Vozes, 1991, p. 3.
[7] BUENO, 2002.

participação da universidade brasileira, no que se referia às políticas de educação especial, demonstrava ter exercido pequeno papel. O referido assunto é enfatizado pela LDB/96, no Art. 62, ao ressaltar que:

> A formação de docentes para atuar na educação básica far-se-á em nível superior, em curso de licenciatura, de graduação plena, em universidades e institutos superiores de educação, admitida, como formação mínima para o exercício do magistério na educação infantil e nas quatro primeiras séries do ensino fundamental, a oferecida em nível médio na modalidade Normal.[8]

Relembra-se que, em relação ao atendimento educacional especializado aos alunos com deficiência, na educação básica, o artigo 59-III da LDB/96, frisa que os sistemas de ensino assegurarão aos educandos com necessidades educacionais especiais/específicas, entre outros: "professores com especialização adequada em nível médio ou superior, para atendimento especializado, bem como professores do ensino regular, capacitados para a integração desses educandos nas classes comuns."[9]

Entretanto, no período comentado, apesar de todo esse aparato legal, observa-se que a prática não corresponde a um contexto efetivo de inclusão de alunos com deficiência e/ou com as referidas necessidades na educação básica, e, consequentemente, na educação superior.

Portanto, a falta de conhecimentos, adequados, a respeito da deficiência e de como ensinar os discentes com necessidades educacionais específicas, e de como esses são capazes de aprender, tem dificultado muito o processo ensino-aprendizagem dos referidos alunos, desde a Educação Infantil, perpassando pelos ensinos Fundamental e Médio, bem como na própria Educação Superior. Em relação ao preconceito sobre a aprendizagem de pessoas com deficiência e/ou com necessidades educacionais específicas, Ruth Cabral e Sylvia Piva esclarecem que toda pessoa possui qualidades em dimensões ainda não totalmente conhecidas, portanto, faz-se necessário desmistificar as crenças e os estigmas em relação ao potencial humano das pessoas, consideradas público-alvo da educação especial.[10]

---

[8] BRASIL, 1996, não paginado.
[9] Ibid., não paginado.
[10] CABRAL, R.; PIVA, S. R. **Educação especial de subdotados**. Porto Alegre: Sulina, 1975.

Sobre o potencial cognitivo das pessoas com deficiência e/ou com necessidades educacionais específicas, Francisco Imbernón considera que "centrar as expectativas educativas na formalidade das carreiras curriculares implica necessariamente impedir o acesso ao desenvolvimento social dos grupos sociais desfavorecidos"[11], pois as pessoas, sentindo-se limitadas em sua bagagem acadêmica, tendem a gerar uma autopercepção negativa de partida que as mantêm em uma situação de infravalorização e de impossibilidade de agir, como sujeitos pensantes e atuantes, nos diversos âmbitos da dinâmica social.

No ano de 2004, o economista Claudio Castro argumentou que, apesar de a matrícula no Ensino Médio ter praticamente triplicado em dez anos, a presença de discentes socioculturais desfavorecidos aumentou muito pouco diante de vestibulares altamente concorridos, e muitos alunos pobres chegavam ao limiar da educação superior, mas não conseguiam ter acesso às universidades públicas e nem podiam pagar as mensalidades das universidades privadas.[12]

Rosita Carvalho, referindo-se à não entrada e a não permanência do aluno com deficiência e/ou com necessidade educacional específica nas instituições de ensino, enfatiza que a falta de vagas, no contexto abordado, era usada, na maioria das vezes, como desculpa, apesar de que, em alguns casos, ser verdadeiro, bem como à falta de professores especializados e de salas adequadas e equipadas às reais necessidades educacionais desses alunos.[13]

Ainda de acordo com Rosita Carvalho, em relação ao acesso de pessoas com deficiência e/ou com necessidades educacionais específicas, na Educação Superior:

> [...] não foi possível localizar estatísticas a respeito de pessoas portadoras de deficiência que estão nas universidades brasileiras. Uma ação digna de registro foi realizada, em 1997 pelo MEC, que encaminhou a todos os Reitores um documento referente às adequações necessárias nos concursos vestibulares,

---

[11] IMBERNÓN, F. **A educação no século XXI**: os desafios do futuro imediato. 2. ed. Porto Alegre: Artmed, 2000, p. 31.
[12] CASTRO, C. M. O Ministério acertou? **Veja**, São Paulo, ed. 1867, 18 ago. 2004.
[13] CARVALHO, R. E. **Removendo barreiras para a aprendizagem**: educação inclusiva. Porto Alegre: Mediação, 2003.

bem como àquelas que lhes garantem a acessibilidade em termos arquitetônicos, acadêmicos e atitudinais.[14]

A respeito do referido assunto, faz-se necessário sinalizar que em São Luís/MA, até o ano de 2005, as Instituições de Educação Superior não possuíam em seus registros oficiais dados concretos (quantitativos e principalmente qualitativos) sobre alunos com deficiência e/ou com necessidades educacionais específicas devidamente matriculados nelas.

A seguir, faz-se um breve esclarecimento a respeito das deficiências abordadas neste livro, que, no caso, correspondem às deficiências sensorial e física.

Conforme o Ministério da Educação, a deficiência visual é a redução ou a perda total da capacidade de ver com o melhor olho e após a melhor correção óptica, manifestando-se como: cegueira ou visão reduzida, em que a cegueira representa a perda da visão, em ambos os olhos, de menos de 0,1 no melhor olho após correção, ou um campo visual não excedente a 20 graus, no maior meridiano do melhor olho, mesmo com o uso de lentes de correção. O aluno cego necessita do método *Braille* como meio de leitura e escrita, além de outros recursos didáticos e equipamentos especiais para a sua educação.[15]

Já a visão reduzida compreende a acuidade visual entre 6/20 e 6/60, no melhor olho, após correção máxima.[16] Com visão reduzida, o aluno é capaz de ler impressos a tinta, desde que se empreguem recursos didáticos e equipamentos especiais.

De igual modo, Marta Gil esclarece que a cegueira, ou perda total da visão, pode ser adquirida ou congênita, na qual o indivíduo que nasce com o sentido da visão, perdendo-o mais tarde, guarda memórias visuais e consegue se lembrar das imagens, das luzes e das cores que conheceu.[17] Isso é muito útil para sua readaptação. Entretanto, quem nasce sem a capacidade da visão jamais poderá formar uma memória visual e possuir lembranças visuais.

---

[14] Ibid., p. 141.
[15] BRASIL. Ministério da Educação. Secretaria de Educação Especial. **Adaptações curriculares em ação**: a bidirecionalidade do processo de ensino e aprendizagem. Brasília, DF, 2002a.
[16] Ibid.
[17] GIL, M. (Org.). **Deficiência visual**. Brasília: Ministério da Educação/Secretaria de Educação a Distância, 2000.

Ainda de acordo com Marta Gil, no ano de 2000, a Organização Mundial de Saúde estimava que, nos países em desenvolvimento, como o Brasil, de 1 a 1,5% da população possuía deficiência visual. Assim, no contexto apresentado, no Brasil, havia cerca de 1,6 milhão de pessoas com algum tipo de deficiência visual, sendo a maioria delas com baixa visão. As causas mais frequentes de cegueira e visão subnormal segundo a autora são: retinopatia da prematuridade causada pela imaturidade da retina, em decorrência de parto prematuro ou de excesso de oxigênio na incubadora; catarata congênita em consequência de rubéola ou de outras infecções na gestação; glaucoma congênito que pode ser hereditário ou causado por infecções; atrofia óptica; degenerações retinianas e alterações visuais corticais; doenças como diabetes, descolamento de retina ou traumatismos oculares.[18]

Sobre as questões de acessibilidade, a Portaria nº 3.284, de 7 de novembro de 2003, no que se refere aos discentes com deficiência visual na educação superior, enfatiza que as IES devem cumprir com algumas exigências, no caso de serem solicitadas e até que o aluno conclua o curso, dentre essas: manter sala de apoio equipada com máquina de datilografia Braille; impressora Braille acoplada ao computador; sistema de síntese de voz; gravador e fotocopiadora que ampliem textos; *software* de ampliação de tela; equipamento para ampliação de textos, destinado ao atendimento de aluno com visão subnormal; lupas; réguas de leitura; *scanner* acoplado a computador; adotar um plano de aquisição gradual de acervo bibliográfico em *Braille* e de fitas sonoras para uso didático.[19]

O fato é que o processo de ensino-aprendizagem dos alunos com deficiência visual sem os recursos destacados fica inviável em qualquer nível de ensino.

Com relação à deficiência auditiva, a Secretaria de Educação Especial informa que esta compreende as perdas total ou parcial, congênita ou adquirida, da capacidade de compreender a fala por meio do ouvido, manifestando-se como: surdez leve/moderada e surdez severa/profunda.[20]

---

[18] Ibid.
[19] GOTTI, 2004.
[20] BRASIL, 2002a.

Desse modo, a surdez leve/moderada representa perda auditiva de até 70 decibéis, dificultando, mas não impedindo, que o indivíduo se expresse oralmente, bem como não impossibilita que ele perceba a voz humana, com ou sem a utilização de um aparelho auditivo.[21]

Em relação à surdez severa/profunda, esta compreende perda auditiva acima de 70 decibéis, impedindo o indivíduo de entender, com ou sem aparelho auditivo, a voz humana, bem como o impossibilitando de adquirir, naturalmente, o código da língua oral.[22]

Nesse sentido, a Secretaria de Educação Especial esclarece que os alunos com deficiência auditiva necessitam de métodos, recursos didáticos e equipamentos especiais para correção e desenvolvimento da fala e da linguagem.[23]

Em meio a esse cenário, Giuseppe Rinaldi enfatiza que o acesso à Educação Superior é seletivo e a conquista de espaço nesse âmbito é resultado de todo um trabalho de qualidade na trajetória educacional dos alunos, em geral, aliado à concorrência na disputa do reduzido número de vagas. O referido autor sinaliza, ainda, que, assim como na educação básica, a valorização do aprendizado do surdo, na educação superior, deve ocorrer de forma mais centrada nos conhecimentos adquiridos do que na forma como demonstra seu saber.[24]

Como pode ser observado, o aviso-circular 277/96, do Ministério de Estado da Educação e do Desporto, à época, recomenda, no vestibular e no próprio curso superior, que ao se avaliar o candidato surdo, devem-se considerar os aspectos semânticos do conhecimento acima dos aspectos formais da língua portuguesa.[25]

Tendo como referência a deficiência auditiva, Rafael Bautista esclarece que a leitura é uma aprendizagem extremamente difícil para o surdo, ficando esse, na maioria das vezes, com pobreza de vocabulário, escasso conhecimento da estrutura sintática, dificuldades de acesso

---

[21] GOTTI, op. cit.
[22] BRASIL, op. cit.
[23] BRASIL. Ministério da Educação e do Desporto. Secretaria de Educação Especial. **Subsídios para organização e funcionamento de serviços de educação especial**: àrea de deficiência múltipla. Brasília, DF, 1995.
[24] RINALDI, G. et al. (Orgs.). **A educação dos surdos**. Brasília, DF: Ministério da Educação/Secretaria de Educação especial, 1997.
[25] BRASIL, 1996a.

ao código fonológico, limitações da capacidade de antecipação, de inferência e de organização, em relação à aprendizagem do ouvinte.[26] Nesse sentido, Alvaro Marchesi e Elena Martín, em relação à aquisição da linguagem escrita pelo surdo, afirmam que "os problemas que os surdos têm em relação à escrita derivam das suas dificuldades na linguagem oral e na compreensão da leitura".[27]

De posse das informações registradas, enfatiza-se que as provas das pessoas surdas e/ou com deficiência auditiva, no exame vestibular, sejam elaboradas e corrigidas por especialistas com conhecimentos teórico-práticos em deficiência auditiva e em Libras. No contexto abordado, várias pessoas com a referida necessidade educacional específica ficavam à margem da educação superior, devido ao fato de elas não terem intérpretes de Libras durante o processo seletivo vestibular, bem como por suas provas serem corrigidas levando-se em consideração os mesmos critérios utilizados para as pessoas sem a deficiência ressaltada.

De acordo com a Secretaria de Educação Especial, os surdos são capazes de exercer qualquer função na sociedade que não requeira exclusivamente habilidades auditivas, pois suas limitações resumem-se apenas a um bloqueio na recepção de determinados *input* oral-auditivos, entre eles o linguístico.[28] Ainda de acordo com o referido assunto abordado:

> [...] o problema das pessoas surdas se distingue essencialmente daqueles típicos de outros educandos com necessidades especiais. Esse problema linguístico os coloca mais ou menos na condição de pessoas estrangeiras, cuja língua materna não é aquela oficialmente utilizada no sistema educacional regular, com um agravante: um estrangeiro que não domine a língua portuguesa, no caso do Brasil, em um tempo relativamente curto pode vir a dominá-la e, então, passar a frequentar a escola regular; um surdo pode vir a aprender, o português escrito e falado, este último com maior dificuldade, mas necessitará de maior tempo.[29]

---

[26] BAUTISTA, 1997.
[27] MARCHESI, A.; MARTÍN, E. Del linguaje del transtorno a las necesidades educativas especiales. In: MARCHESI, A.; COLL, C.; PALACIOS, J. (Eds.). **Desarrollo psicológico y educación**. Madri, 1990 apud BAUTISTA, 1997, p. 354.
[28] RINALDI et al., 1997.
[29] Ibid., p. 314.

É importante salientar a informação de Nádia Sá, de que durante quase um século manteve-se na história da educação de surdos a abordagem oralista, cujos pressupostos baseavam-se na utilização da língua da comunidade ouvinte, tanto por parte dos educadores como por parte dos educandos. O Oralismo rejeitou a Língua de Sinais, acreditando que o uso de sinais atrapalha a aprendizagem da língua da comunidade majoritária, entendendo a língua oral como única via para a integração do surdo na sociedade.[30] Definindo-se, então, como primordial interesse educativo a aprendizagem da língua na modalidade oral, sendo o ouvinte utilizado como modelo. Essa orientação pedagógica perdurou por um século, levando um enorme contingente de surdos a uma situação de completo fracasso escolar e à exclusão social.

Ainda de acordo com Nádia Sá, na atualidade, a abordagem que teoricamente tem-se apresentado como aquela que possibilita ao surdo o domínio das duas línguas necessárias à efetivação de sua integração social é do bilinguismo (Língua de Sinais e Oralismo).[31] Nesta abordagem, a língua de sinais é considerada como a primeira língua da pessoa surda, e a língua da comunidade majoritária, como a segunda língua, pois a necessidade de uma educação bilíngue para surdos ficou delineada após a conclusão à que a ciência linguística chegou a partir dos primeiros estudos na década de 1960, ao atestar que a língua de sinais é uma língua tão natural quanto qualquer outra.

Sobre o assunto abordado, Rafael Bautista informa que:

> [...] se aceitarmos, além do mais, que a escola é muito mais do que um lugar onde se adquirem conhecimentos e que é um local onde todos aprendemos a conviver com o nosso grupo social (e em cuja interação desenvolvemos globalmente a nossa pessoa) podemos pensar na transcendência que é para o aluno surdo ter a oportunidade de estar imerso desde pequeno neste processo de aprendizagem social; além do mais, não podemos perder de vista quão importante é para os companheiros ouvintes poder conhecer e compreender as pessoas surdas (ou com outras características 'diferentes'), aprendendo assim a respeitar e a conviver com eles na escola, no bairro, no trabalho etc.[32]

---

[30] SÁ, N. R. L. **Educação de surdos**: a caminho do bilingüismo. Niterói: EdUFF, 1999.
[31] Ibid.
[32] BAUTISTA, 1997, p. 362.

Nesse contexto, José Geraldo Bueno afirma que desde os primórdios da educação da pessoa surda e/ou com deficiência auditiva, na Europa, no século XVIII, a metodologia de ensino para crianças surdas tem se confundido com processos de reabilitação de linguagem. Tanto é assim que se tem designado as abordagens oralistas, gestualistas ou mistas como métodos de ensino ou de educação da criança surda.[33]

Dessa forma, Nádia Sá argumenta que:

> [...] a democratização do ensino é um preceito defendido e debatido, ainda não concretizado, mas que certamente será conquistado um dia. Afirmando que, cabe então aqui a defesa da ideia de que necessário se faz ouvir os principais atores do processo – os surdos, que estão sinalizando o que entendem por integração e como gostariam que ela fosse construída juntamente conosco, os profissionais da área, e com aqueles que hoje estão com o poder de mudar o quadro geral de insatisfação com os resultados obtidos até aqui na área da educação brasileira.[34]

A respeito de possíveis dificuldades de aprendizagem das pessoas com deficiência auditiva, José Geraldo Bueno explica que essas são todas subordinadas ao desenvolvimento da linguagem e que a deficiência auditiva, por si só, não acarreta qualquer *déficit* cognitivo, o que deveria resultar em rendimento escolar satisfatório, desde que supridas as dificuldades específicas de linguagem.[35]

De acordo com a Portaria nº 3.284/03, as IES devem ter compromisso formal com alunos com deficiência auditiva, no caso de virem a ser solicitadas e até que esses concluam seus cursos.[36] Para tanto, algumas medidas são necessárias como:

> a) de propiciar, sempre que necessário, intérprete de Língua de Sinais/Língua Portuguesa, especialmente quando da realização e revisão de provas, complementando a avaliação expressa

---

[33] BUENO, 1994.
[34] SÁ, 1999, p. 259.
[35] BUENO, 1993.
[36] BRASIL. Ministério da Educação. **Portaria nº 3.284**, de 7 de novembro de 2003. Dispõe sobre requisitos de acessibilidade de pessoas portadoras de deficiências, para instruir os processos de autorização e de reconhecimento de cursos, e de credenciamento de instituições. Disponível em: <http://portal.mec.gov.br/seesp/arquivos/pdf/port3284.pdf>. Acesso em: 10 jan. 2014.

em texto escrito ou quando este não tenha expressado o real conhecimento do aluno;

b) de adotar flexibilidade na correção das provas escritas, valorizando o conteúdo semântico;

c) de estimular o aprendizado da Língua Portuguesa, principalmente na modalidade escrita, para uso de vocabulário pertinente às matérias do curso em que o estudante estiver matriculado;

d) de proporcionar aos professores acesso à literatura e informações sobre a especificidade linguística do portador de deficiência auditiva.[37]

Em relação às pessoas com deficiência física, a Secretaria da Educação Especial esclarece que deficiência física é uma variedade de condições não sensoriais que afetam o indivíduo em termos de mobilidade, de coordenação motora geral ou da fala, como decorrência de lesões neurológicas, neuromusculares e ortopédicas, ou, ainda, de má-formação congênita ou adquirida.[38]

Nesse sentido, os estudos de Rafael Bautista esclarecem que, para as pessoas com deficiência física, a educação não pode constituir mais uma barreira que lhes impossibilite a aquisição de conhecimentos ou o seu pleno desenvolvimento cognitivo. Para isso, tanto as instituições de ensino quanto professores, terapeutas e outros profissionais devem procurar a eliminação de todos os entraves, barreiras arquitetônicas ou organizacionais, que podem dificultar o acesso ao conhecimento dessas pessoas.[39]

Sobre a questão da acessibilidade dos discentes com deficiência física, a Portaria nº 3.284/03 determina que as IES devem: eliminar barreiras arquitetônicas para a circulação do estudante, permitindo acesso facilitado aos espaços de uso coletivo; reservar vagas em estacionamentos nas proximidades das unidades de serviço; construir rampas com corrimãos ou providenciar a colocação de elevadores, facilitando a circulação de cadeiras de rodas; colocar barras de apoio nas paredes dos banheiros; instalar lavabos, bebedouros e telefones públicos em altura acessível aos usuários de cadeira de rodas.[40]

---

[37] Ibid., não paginado.
[38] ALENCAR, E. M. L. S. de (Org.). **Tendências e desafios da educação especial**. Brasília, DF: SEESP, 1994, p. 35-49.
[39] BAUTISTA, 1997.
[40] BRASIL, 2003.

No contexto explanado, as maiores dificuldades e/ou obstáculos que alunos com deficiência física tinham como desafios a serem superados – além da falta de recursos humanos especializados – eram as barreiras arquitetônicas existentes nas Instituições de Educação Superior investigadas. Na maioria dessas IES, ainda faltavam rampas, e, quando essas existiam, a maioria não estava de acordo com as normas da Associação Brasileira de Normas Técnicas (ABNT). São exemplos disso: inclinação inadequada, sem corrimão, pisos íngremes, falta de calçadas, entre outros. A esse respeito, os estudos de Eduardo José Manzini e outros pesquisadores registraram que "no momento atual, no qual a inclusão escolar é amplamente discutida, verificamos que existe pouca ou quase nenhuma ação que vise à modificação do ambiente escolar de forma que permita o livre acesso do aluno com deficiência".[41]

Nos estudos de Elaine Oliveira e Eduardo José Manzini, sobre a acessibilidade de alunos com deficiência na Universidade Estadual de Londrina, fica evidente que, além das barreiras arquitetônicas, há presença de barreiras atitudinais em toda a rede de relações interpessoais, evidenciada com maior frequência na relação professor-aluno.[42] Sobre a questão das barreiras atitudinais existentes no processo ensino-aprendizagem de discentes com deficiência, na educação superior, Thelma Chahini registra que essas são responsáveis pela inclusão/excludente de muitos discentes com deficiência e/ou com necessidades educacionais específicas nas instituições de educação superior.[43]

Nesse sentido, sabe-se que as barreiras físicas são mais fáceis de serem removidas, pois, na maioria das vezes, dependem apenas de recursos financeiros, no caso, se houver dinheiro destinado para execução de obras,

---

[41] MANZINI, E. J. et al. Acessibilidade em ambiente universitário: identificação e quantificação de barreiras arquitetônicas. MARQUEZINE, M. C. et al. (Org.). **Educação física, atividades motoras e lúdicas e acessibilidade de pessoas com necessidades especiais**. Londrina: Eduel, 2003, p. 185-192. (Coleção Perspectivas Multidisciplinares em Educação Especial, 9). p. 185.

[42] OLIVEIRA, E. T. G. de; MANZINI, E. J. Acessibilidade na Universidade Estadual de Londrina: o ponto de vista do estudante com deficiência. In: CONGRESSO BRASILEIRO DE EDUCAÇÃO ESPECIAL, 2. ENCONTRO DA ASSOCIAÇÃO BRASILEIRA DE PESQUISADORES EM EDUCAÇÃO ESPECIAL, 2., 2005, São Carlos. **Anais...** São Carlos: UFSCar/PPGEEs; ABPEE, 2005.

[43] CHAHINI, T. H. C. **Atitudes sociais e opiniões de professores e alunos da Universidade Federal do Maranhão em relação à inclusão de alunos com deficiência na educação superior**. 2010. 131 f. Tese (Doutorado) – Programa de Pós-Graduação em Educação da Faculdade de Filosofia e Ciências da Universidade Estadual Paulista, UNESP, Marília, 2010.

soluciona-se o "obstáculo", mas, quanto às barreiras atitudinais, essas são bem mais difíceis de serem superadas, pois dependem do conhecimento aliado à sensibilidade e ao bom senso das pessoas, do profissionalismo dessas, da ética, do comprometimento, entre outros.

A respeito das barreiras, tanto arquitetônicas quanto atitudinais, que dificultam o acesso e a permanência de alunos com deficiência e/ou com necessidades educacionais específicas na educação superior, convém lembrar Kenn Jupp quando afirma que:

> No geral, conseguimos criar mais problemas do que conseguimos solucionar. Sobre isso, afirma Albert Einstein (que, por sinal, foi impedido de frequentar a Universidade até os 29 anos): 'O mundo que criamos, como resultado do nível de pensamento que alcançamos até agora, cria problemas que não conseguimos solucionar no mesmo nível em que os criamos.[44]

Diante dos fatos apresentados, lembra-se de Rosita Carvalho ao enfatizar que a dimensão democrática do processo educativo deve ser fortalecida para que se garanta a todos o acesso à educação formal de boa qualidade, bem como o desenvolvimento das competências necessárias à vida e à emancipação desses discentes.[45]

Nesse contexto, para que a educação especial se torne inclusiva em todos os níveis de ensino, faz-se necessário que, após a educação infantil, a escolarização do aluno que apresenta necessidades educacionais específicas se processe nos mesmos níveis, etapas e modalidades de educação e ensino que os destinados aos demais educandos, ou seja, no ensino fundamental, no ensino médio, na educação profissional, na educação de jovens e adultos e na educação superior, em que essa educação é suplementada e complementada utilizando-se serviços de apoio pedagógico especializado.[46]

No Aviso Circular nº 277/MEC/GM – Brasília, de 8 de maio de 1996, percebe-se a preocupação do então Ministro com as condições que visam favorecer o acesso ao processo seletivo das Instituições de Educação Superior, levando em consideração a necessidade educacional

---
[44] JUPP, 1998, p. 23.
[45] CARVALHO, 2002.
[46] GOTTI, 2004.

específica de cada aluno com deficiência.[47] Sem dúvida, foi um grande passo em direção à superação dos desafios no acesso de alunos com as referidas necessidades à educação superior, mesmo sabendo da existência de instituições que não se encontravam adotando essas recomendações, bem como ainda não o fazem, adequadamente.

De acordo com Ingrid Sverdlick, Paola Ferrari e Analia Jaimovich, o Relatório Desigualdade e Inclusão no Ensino Superior, realizado em 2005 nos países: México, Chile, Argentina, Colômbia e Brasil, registra a existência de sistemas de ingresso, baseados em exames e vagas que impedem o acesso de um número significativo de pessoas à educação superior, dentre essas, um número relevante de pessoas com deficiência.[48]

No mesmo contexto, os estudos de Rafaelly Oliveira e outros pesquisadores ressaltam que a maioria das IES não possui programas especiais para atender a clientela da educação especial. Os referidos autores acrescentam que é bastante reduzido o número de IES que dispõem de políticas institucionais universitárias para contemplar o atendimento educacional de pessoas com deficiência.[49] Sobre o fato abordado, acrescenta-se que no contexto de 2016, apesar da existência do Projeto Incluir e da criação dos Núcleos de Acessibilidades nas Instituições Federais de Educação Superior, muitas dessas instituições ainda não operacionalizam, adequadamente, as ações que garantem o acesso pleno de pessoas com deficiência às IFES.[50]

Essa realidade é ratificada por Sabrina Castro ao pesquisar 13 universidades que possuíam discentes com deficiência e constatar que, apesar da operacionalização de muitas ações em relação à inclusão das referidas pessoas na educação superior, bem como da existência de núcleos de acessibilidade nessas instituições, as barreiras arquitetônicas e atitudinais ainda se fazem presentes nesse processo.[51]

---

[47] BRASIL, 1996a.
[48] SVERDLICK, I.; FERRARI, P.; JAIMOVICH, A. **Desigualdade e inclusão no ensino superior**: um estudo comparado em cinco países da América Latina. Buenos Aires, 2005. (Ensaios y investigaciones, 10).
[49] OLIVEIRA, R. P. et al. Acessibilidade no Ensino Superior: uma Universidade livre de barreiras. In: CONGRESSO BRASILEIRO DE EDUCAÇÃO ESPECIAL, 2. ENCONTRO DA ASSOCIAÇÃO BRASILEIRA DE PESQUISADORES EM EDUCAÇÃO ESPECIAL, 2., 2005, São Carlos. Anais... São Carlos: UFSCar/PPGEEs; ABPEE, 2005.
[50] BRASIL, 2013.
[51] CASTRO, S. F. **Ingresso e permanência de alunos com deficiência em universidades públicas brasileiras**, 2011. 245 f. Tese (Doutorado) – Programa de Pós-Graduação em Educação Especial da Universidade Federal de São Carlos, UFSCar, São Carlos, 2011.

Como diz Jussara Hoffmann:

> Viemos de um século em que o olhar positivista, da igualdade como padrão, como uniformidade, precisão e clareza, sugeriu aos educadores o compromisso de responder, sempre, sobre quem pode mais, quem pode igual ou quem pode menos – com maior preocupação, sem dúvida, em destacar quem pode menos. Este se tornou, de uma certa forma, o pensamento norteador 'da competência, da justiça' em avaliação educacional – a comparação, a seleção – e, por consequência, a exclusão.[52]

Diante dos fatos, faz-se importante refletir com Claudio Castro, ao pontuar que "[...] só teremos qualidade na educação quando o governo perceber que não oferecê-la trará perdas políticas temíveis".[53]

A estruturação dos Núcleos de Acessibilidade nas Universidades Federais, bem como o Programa Incluir: Acessibilidade à Educação Superior, demarcam um período de conquistas e de direitos das pessoas, consideradas público-alvo da Educação Especial, em relação ao acesso, à permanência e ao atendimento educacional especializado, na Educação Superior.

Importante lembrar, também, que a Lei Brasileira de Inclusão da Pessoa com Deficiência, em relação ao direito à educação, assegura, entre outros, o aprimoramento dos sistemas educacionais, visando garantir condições de acesso, permanência, participação e aprendizagem, por meio da oferta de serviços e de recursos de acessibilidade que eliminem as barreiras e promovam a inclusão plena.[54]

Como visto no decorrer do texto, a Inclusão, no contexto da Educação Superior, visa, dentre outros, à desmistificação de estigmas em relação ao potencial humano das pessoas com deficiência e/ou com necessidades educacionais específicas, bem como à adequação dos espaços e dos recursos humanos à acessibilidade das referidas pessoas, para que essas recebam educação formal de boa qualidade,

---

[52] HOFFMAN, J. Prefácio. In: CARVALHO, R. E. **Educação inclusiva**: com os pingos nos "is". Porto Alegre: Mediação, 2004, p. 10.
[53] CASTRO, C. M. Quando a sociedade quer... **Veja**, São Paulo, 21 dez. 2005, p. 22.
[54] BRASIL, 2015.

isto é, qualificação educacional e profissional que as conceda, de fato e de direito, o exercício de suas cidadanias.

Portanto, a inclusão de um número maior de discentes com deficiência e/ou com necessidades educacionais específicas nas Instituições de Educação Superior, com garantia de qualificação educacional e profissional, eficaz, continua sendo um ideal a ser colocado em prática.

CAPÍTULO 3

O PROCESSO DE INCLUSÃO NA EDUCAÇÃO SUPERIOR NA PERCEPÇÃO DE DISCENTES COM DEFICIÊNCIA

Neste capítulo, apresentam-se as percepções de discentes com deficiência sensorial e física, em relação ao processo de inclusão na educação superior, em um contexto em que ainda não havia a reserva de vagas aos discentes considerados público-alvo da educação especial.

Os participantes nesse estudo foram 31 discentes com deficiência sensorial e física, (um é cego, sete possuem baixa visão, sete têm deficiência auditiva severa-profunda, 16 são deficientes físicos, sendo seis em cadeira de rodas e dez com bastante dificuldade de locomoção), que se encontravam inseridos em instituições públicas e privadas de educação superior, no período de 2003 a 2005, em São Luís/MA.

3.1 Sentimentos dos discentes com deficiência na educação superior

Ao serem questionados como se sentiam sendo discentes com deficiência na educação superior, todos os alunos com deficiência visual disseram se sentir insatisfeitos com as IES, devido à falta de recursos materiais e humanos especializados em suas necessidades educacionais específicas, mas em relação a si mesmos, três responderam que se sentiam iguais aos demais na capacidade de aprendizagem; três disseram que se sentiam felizes e vitoriosos por terem conseguido ingressar na educação superior; dois falaram que se sentiam excluídos devido à falta de recursos materiais, conforme apresenta-se no Gráfico 1:

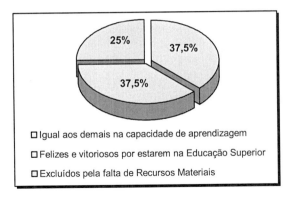

GRÁFICO 1 – SENTIMENTOS DOS DISCENTES COM DEFICIÊNCIA VISUAL NAS IES
FONTE: DA AUTORA.

Em relação aos discentes com deficiência auditiva e/ou surdos, cinco responderam que se sentiam bem e felizes por estarem na educação superior; um falou que se sentia diferente dos demais, por ser conhecido mais pela deficiência do que pela própria pessoa; outro disse que se sentia triste por não estar recebendo atendimento educacional especializado e por estar tendo dificuldades em acompanhar as aulas, conforme ressaltado no Gráfico 2.

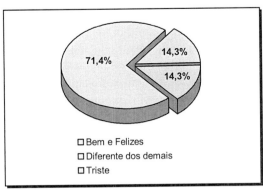

GRÁFICO 2 – SENTIMENTOS DOS DISCENTES COM DEFICIÊNCIA AUDITIVA E/OU SURDOS NAS IES
FONTE: DA AUTORA.

Quanto aos alunos com deficiência física, seis responderam que se sentiam bem e felizes por estarem na educação superior; três disseram que se sentiam privilegiados, porque nem todo mundo consegue chegar na educação superior; dois falaram que se sentiam normais, pois, em relação ao potencial para a aprendizagem, não se consideravam diferentes dos demais alunos sem deficiência; um respondeu que se sentia vencedor por ter superado muitas barreiras para chegar à educação superior; quatro falaram que estavam se sentindo indignados e insatisfeitos devido à falta de condições adequadas de acessibilidade, bem como pela falta de profissionais especializados em suas necessidades educacionais específicas. Como verifica-se nas falas a seguir, bem como no Gráfico 3.

> Às vezes eu me sinto indignado, devido à falta de ônibus adaptado para deficiente físico dentro do campus, e pela falta de um atendimento especializado para com alunos com deficiência. Praticamente a gente não é visto;
>
> Um pouco insatisfeito por causa da falta de condições adequadas de acessibilidade;
>
> Eu me sinto indignado em relação à falta de acesso físico à maioria dos setores aqui na Universidade;
>
> Um pouco tolhida em relação à falta de acessibilidade.

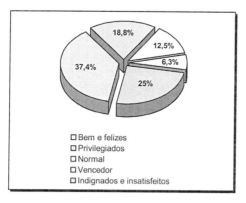

GRÁFICO 3 – SENTIMENTOS DOS DISCENTES COM DEFICIÊNCIA FÍSICA NAS IES
FONTE: DA AUTORA.

Em análise geral, observou-se que a maioria dos discentes com deficiência sentiam-se insatisfeitos com as IES em que estudavam, devido à falta de recursos materiais e humanos especializados em suas necessidades educacionais específicas, bem como por causa das barreiras arquitetônicas e atitudinais presentes nas referidas instituições.

3.2 O processo de inserção nas IES

Faz-se importante relembrar, que nesse contexto, não existiam reservas de vagas para discentes com deficiência, nas IES/MA, bem como em quase todas as IES brasileiras, fato este que começou a ser modicado a partir do ano de 2005.

Quando se questionou se já haviam tentado ingressar, anteriormente, na educação superior, dentre os discentes com deficiência visual, todos responderam que tentaram ingressar em instituição pública, mas apenas dois conseguiram, os demais encontravam-se estudando em instituições privadas, de acordo com as falas a seguir:

> Eu tentei quatro vezes entrar na Universidade Federal e três vezes na Universidade Estadual, mas não consegui, então eu fiz e passei na Faculdade Particular;
>
> Eu já fiz duas vezes o vestibular tradicional e uma vez o PSG, na Universidade Federal, e duas vezes na Universidade Estadual, não consegui passar. Hoje, eu estou na Faculdade Particular;
>
> Eu tentei ingressar na Universidade Estadual uma vez e não consegui. Fiz o vestibular tradicional na Federal e também não consegui. Eu entrei na Federal através do PSG;
>
> Foi difícil entrar no Ensino Superior, eu tentei cursar na Federal e na Estadual, mas não deu. Fiz e passei na Particular;
>
> Na primeira vez que eu fiz eu consegui passar, eu passei em quatro instituições. Eu estou atualmente cursando na Faculdade Particular devido a greve na Universidade Pública. Mas eu pretendo ficar nas duas Instituições;
>
> Eu tentei passar na Universidade Federal e não consegui. Fiz e passei na Faculdade Particular, eu não tinha mais condições de continuar pagando, então, comecei a fazer o PSG e passei na Federal, e eu estou aqui com muita dificuldade porque não é fácil;

> Eu já fiz vestibular na UFMA e na UEMA, não consegui ter acesso. Eu fiz e passei na Faculdade Particular;
>
> Eu tentei entrar na Universidade Federal e na Estadual não consegui passar, nem no vestibular tradicional, nem no PSG, nem no PASES. Eu fui para uma Instituição Particular, as provas do vestibular foram com letras normais, eu tive bastante dificuldade para ler e marcar o gabarito, mas eu já estou no Ensino Superior.

Em relação aos discentes com deficiência auditiva e/ou surdos, três encontravam-se na educação superior pública e quatro em IES particulares, dentre esses, três disseram que já tinham tentando ingressar, anteriormente, em instituição pública, dentre esses, dois tentaram três vezes e outro tentou seis vezes, conforme verifica-se em algumas falas, a seguir:

> Eu já tentei ingressar nas universidades públicas cinco vezes. Todas às vezes que eu fiz vestibular foi sem a presença de um intérprete. A gente que tem deficiência auditiva precisa de um intérprete, não para ensinar a fazer a prova, mas para explicar o significado das palavras, qual o significado de determinada palavra, que sentido tem aquela palavra naquele momento. É necessária a presença de um interprete em Libras para que a gente consiga desenvolver e/ou responder a questão. Todas as dificuldades estavam aí. Depois eu tentei na Particular, consegui fazer uma boa prova e passei. Foi uma grande vitória eu ter conseguido entrar numa Universidade, pois eu já tentava há muito tempo;
>
> Eu nunca tentei fazer vestibular nas universidades públicas. Eu já tinha feito vestibular em uma Faculdade Particular, fiz uma redação, passei mas não cheguei a me matricular. Estou cursando em outra Faculdade Particular;
>
> Eu já tinha tentado entrar na Universidade Pública umas seis vezes, mais ou menos, e nunca consegui. Eu sempre tentei para o Curso de História. Eu terminei o Ensino Médio em 1994, e tentei pela primeira vez o vestibular em 1995. Em 1996 eu tentei entrar em uma IES privada e não consegui passar, e em 2004 eu tentei de novo o vestibular nas IES públicas, mas também não consegui passar. Eu tinha até um certo preconceito em fazer

vestibular em Faculdade Particular porque eu queria provar que tinha competência para passar em Universidade Pública, mas como não deu e a vontade de estar no Ensino Superior foi maior, eu tentei entrar na Faculdade Particular e consegui ter acesso;

Eu nunca tentei fazer vestibular nas universidades públicas, porque eu sempre achei que não ia conseguir passar por causa de ser deficiente auditiva. Em 2003 eu fiz pela primeira vez vestibular em uma Faculdade Particular e consegui passar.

Dentre os 16 discentes com deficiência física, apenas dois não tentaram ingressar na educação superior pública, 11 conseguiram ingressar e cinco encontravam-se em IES privadas, de acordo com algumas falas destacadas a seguir:

Eu já tinha tentado duas vezes passar para Direito na Universidade pública, mas não consegui entrar. Fiz em 2003 vestibular para Direito em uma Instituição Particular e consegui, mas tive que trancar porque as condições de acesso eram terríveis, eu dependia de todo mundo para fazer qualquer coisa. As barreiras arquitetônicas eram imensas, não existia rampa nem elevador, as salas eram na parte superior e eu dependia de pessoas para me ajudar a subir, e isso foi um dos motivos que me fez sair de lá. Fiz novamente vestibular em universidade pública para outro curso e consegui entrar, mas não foi fácil não;

Eu tentei entrar na Universidade pública em 1990 e não passei, fiquei um bom tempo sem tentar, devido me sentir desmotivado por causa das dificuldades de acesso físico. Em 1995, eu fiz vestibular para uma Instituição Particular, passei e comecei a cursar, só que na época o acesso físico era muito difícil, eu só subia para a sala de aula carregado, geralmente ficava dois funcionários me esperando chegar. Eu só aguentei ficar estudando um ano nessa situação e desisti. Depois eu tentei novamente para a Universidade Federal e consegui passar;

Eu nunca tentei fazer vestibular em universidades públicas. Eu preferi fazer em uma Faculdade Particular que tivesse condições de me receber da forma que eu necessito. Eu fiz vestibular em 2001 e passei na primeira vez;

Eu não quis fazer vestibular em IES pública por causa da dificuldade de locomoção e de acessibilidade que eu ia ter muito mais dentro delas, e também porque a gente tem data para entrar, mas não tem para sair devido às greves. Então eu resolvi fazer vestibular para uma Faculdade Particular mesmo.

No geral, dos 31 discentes participantes, 25 já haviam tentado ingressar nas IES pública, mas apenas 16 conseguiram ter acesso e 15 encontravam-se em IES privadas, conforme observa-se no Gráfico 4.

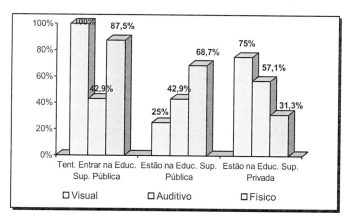

GRÁFICO 4 – TENTATIVAS DE INGRESSO E ACESSO NAS IES PÚBLICAS E PRIVADAS
FONTE: DA AUTORA.

Conforme verifica-se no Gráfico 4, os discentes com deficiência visual (antes da reserva de vagas na educação superior) foram os que mais tentaram ingressar nas IES públicas, e foram os que menos conseguiram ter acesso, nesse mesmo contexto, os discentes com deficiência auditiva e/ou surdos, conforme seus relatos anteriores, nem se "atreviam" a tentar ingressar, pois sabiam que não havia interpretes de Libras durante o concurso vestibular, como também durante o processo ensino-aprendizagem nas IES.

Portanto, os discentes com deficiência sensorial, à época, encontravam-se, em um número maior, inseridos em IES privadas. No período referido, eram os discentes com deficiência física que mais encontravam-se inseridos nas IES públicas.

3.3 A escolha do curso universitário

Quando foram indagados sobre o que os levou a escolher o curso universitário, dentre os discentes com deficiência visual, sete responderam que escolheram seus cursos por afinidade com a área e/ou por vocação; um respondeu que foi por necessidade profissional, conforme verifica-se na fala a seguir e no Gráfico 5.

"Por necessidade profissional, pois eu tenho que ter uma profissão. Se eu não tivesse esse problema de visão eu estava cursando Medicina Veterinária", de acordo com um discente com deficiência visual e de IES privada.

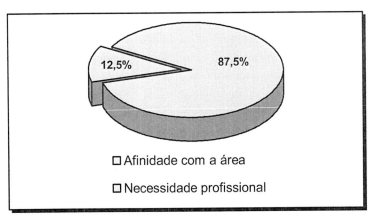

GRÁFICO 5 – MOTIVOS DE ESCOLHA DO CURSO UNIVERSITÁRIO DOS DISCENTES COM DEFICIÊNCIA VISUAL
FONTE: DA AUTORA.

Em relação aos discentes com deficiência auditiva e/ou surdos, quatro afirmaram ter escolhido seus cursos por afinidade com a área; um respondeu que foi por necessidade de ter uma profissão; um revelou que foi por ter pensado que seria o melhor para ele, devido a sua deficiência auditiva, e outro respondeu que foi por causa de sua família, que achou que o curso era o melhor para ele. Conforme apresenta-se no Gráfico 6.

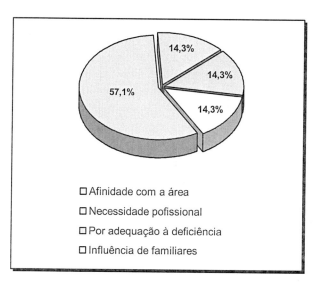

GRÁFICO 6 - MOTIVOS DE ESCOLHA DO CURSO UNIVERSITÁRIO DOS DISCENTES COM DEFICIÊNCIA AUDITIVA E/OU SURDOS
FONTE: DA AUTORA.

Quanto aos discentes com deficiência física, 13 responderam que foi por afinidade com a área e/ou por vocação; três disseram que foi por influência de familiares. Como apresentado em algumas falas a seguir e no Gráfico 7.

> Por influência do meu pai;
>
> Minha mãe me influenciou a fazer o curso que estou, então eu acabei concordando, devido ser mais fácil em relação ao meu problema de locomoção. Mas eu também gosto muito dessa área;
>
> Por influência da família.

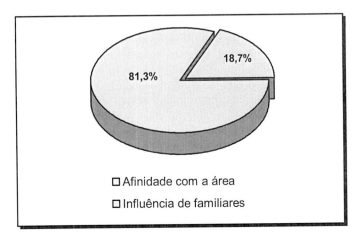

GRÁFICO 7 – MOTIVOS DE ESCOLHA DO CURSO UNIVERSITÁRIO DOS DISCENTES COM DEFICIÊNCIA FÍSICA
FONTE: DA AUTORA.

No geral, os dados revelam que, em relação à escolha do curso universitário, apesar de inúmeras dificuldades de acesso à educação superior, a maioria dos discentes com deficiência encontrava-se cursando o que realmente queriam fazer, isto é, tinham afinidade com a área e/ou vocação. Percebe-se, também, que a necessidade profissional correspondeu a um fator importante na escolha do curso pelos discentes com deficiência sensorial. A influência de familiares correspondeu a um fator importante na escolha do curso a ser realizado pelos alunos com deficiência auditiva e/ou surdos e os com deficiência física, mas não foi citada pelos discentes com deficiência visual.

Dentre os discentes que responderam que escolheram seus cursos levando em consideração suas necessidades educacionais específicas, os com deficiência auditiva e/ou surdos foram os que mais fizeram essa adequação, pois procuraram cursos em que as limitações provenientes da deficiência não viessem a ser empecilho ao acesso e ao prosseguimento dos estudos nas IES.

3.4 Adequação do curso em função da deficiência

Quando se questionou se tiveram que adequar a escolha de seus cursos em relação à deficiência e/ou às suas necessidades educacionais específicas, dos oito discentes com deficiência visual, apenas um disse ter adequado a escolha de seu curso em função de sua deficiência, conforme verifica-se em sua fala: "Sim, eu queria mesmo era fazer medicina veterinária, pois eu gosto demais de animais, mas por causa do meu problema de vista eu não pude fazer".

Dos sete discentes com deficiência auditiva e/ou surdos, apenas um disse não ter escolhido seu curso levando em consideração sua deficiência, os demais, procuraram fazer uma adequação em relação às suas necessidades educacionais específicas, conforme seus relatos, a seguir:

> Não. Eu escolhi esse curso porque eu quero ensinar crianças surdas, porque eu não quero que essas crianças cresçam atrasadas. Eu quero que elas se desenvolvam intelectualmente de acordo com suas idades cronológicas. Eu penso que a oportunidade que eu estou tendo, é como se fosse um milagre. Minha mãe já faleceu e eu queria tanto poder contar para ela que eu estou na Universidade. Minha mãe sofreu tanto para que eu pudesse um dia chegar na Universidade e agora graças a Deus, eu estou;
>
> Sim. Porque todo mundo tem um sonho, e eu tinha um sonho de ser médica, mas não deu;
>
> Sim;
>
> Sim. No passado eu queria ser arquiteto, mas minha mãe disse que eu não tinha condições de fazer, porque na época não tinham intérpretes dentro das salas de aula, o método usado era o oralismo e não tinha como estudar muitas matérias;
>
> Sim, porque se eu fosse ouvinte eu teria escolhido outros cursos. Feito Ciências da Computação. Teria feito concursos e hoje a minha vida poderia ser diferente;
>
> Sim, porque eu pensei em fazer um curso que de certa forma eu conseguisse acompanhar, devido a minha deficiência auditiva. Eu gostaria de ter feito Direito ou História;
>
> Sim, porque eu pensei que fosse ser mais fácil para mim. Eu queria fazer enfermagem porque eu penso que com essa profissão eu vou usar mais as mãos, não vou precisar ficar falando.

Dentre os 16 discentes com deficiência física, apenas três responderam ter adequado a escolha de seus cursos devido à deficiência, conforme verifica-se a seguir:

> Sim, pois esse foi o curso que achei que melhor se adequava para mim depois que eu tive esse problema e esse curso está servindo como uma terapia, além de uma nova oportunidade na área profissional;

> Sim. Eu procurei um curso que depois de formado eu pudesse escolher um trabalho, que eu não tivesse que me locomover muito, pois eu tenho muitas dificuldades nessa área. Mas é um curso que eu gosto;

> Sim. A minha família quis que eu fizesse um curso que fosse em poucos anos e que fosse adequado às minhas necessidades especiais.

Conforme observa-se no Gráfico 8, a seguir, os discentes com deficiência auditiva e/ou surdos foram os que mais escolheram seus cursos levando em consideração suas necessidades educacionais específicas, pois, de acordo com eles, a falta da audição e/ou da fala, aliadas à falta de intérpretes em Libras nas IES, dificultaria muito mais o acesso e/ou a permanência dos referidos discentes em algumas áreas em relação às outras. Em segundo lugar, vêm os discentes com deficiência física e, por último, os discentes com deficiência visual.

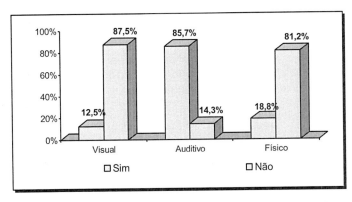

GRÁFICO 8 – ADEQUAÇÃO DO CURSO DE GRADUAÇÃO EM FUNÇÃO DA DEFICIÊNCIA
FONTE: DA AUTORA.

Dentre os discentes que escolheram seus cursos levando em consideração suas deficiências e/ou necessidades educacionais específicas, esses o fizeram por causa da conscientização de que em determinados cursos, a deficiência, juntamente com a falta de recursos materiais e humanos especializados, aliados às barreiras arquitetônicas e atitudinais, presentes nas IES, limitariam o prosseguimento de seus estudos, bem como o acesso aos conhecimentos acadêmicos e, consequentemente, o ingresso no mercado de trabalho.

3.5 O exercício da profissão

Quando foram questionados se os cursos em que encontravam-se inseridos seriam operacionalizados no mercado de trabalho formal, todos os discentes com deficiência visual sinalizaram que sim, a maioria porque os escolheu por vocação, por afinidade com a área e por gostarem desses, e outro, apesar de não o ter escolhido por vocação, mas devido ter que adequar a escolha à sua deficiência, respondeu que iria trabalhar na área em que se encontrava cursando.

Em relação aos discentes com deficiência auditiva e/ou surdos, quatro falaram que queriam exercer os cursos escolhidos como profissão, porque, também, tinham afinidade com esses; dois responderam que talvez os exerceriam, mas prefeririam mesmo exercer outras profissões; um afirmou que não pretendia exercer o curso como profissão porque a deficiência auditiva iria lhe atrapalhar, conforme ressaltado nos relatos, a seguir:

> Sim, é o curso que eu quero exercer, pelo fato de ter me identificado mais e de ter maior facilidade, maior acesso e por ter que lidar diretamente com pessoas e de não precisar de nenhum outro tipo de recursos;
>
> Eu queria mesmo é fisioterapia, mas eu vou ter que esperar mais um pouco, até porque eu não posso fazer em Faculdade Particular, é muito caro;
>
> Eu tenho vontade de ser professor, mas eu queria ser professor de computação direcionado para crianças surdas;

Sim. Porque eu quero ensinar crianças surdas;

Não, porque eu acho que não vou ter condição de exercer a profissão por causa da minha deficiência.

Quanto aos discentes com deficiência física, 13 responderam que queriam exercer os cursos em realização como profissão e três não demonstraram total segurança, conforme algumas falas, a seguir:

Digamos que é minha segunda opção, pois o que eu queria mesmo era atuar na área da informática, mas como não deu, eu tive que me adequar a outra área, que eu também aprendi a gostar muito;

Está me conquistando, mas eu pretendo atuar em áreas alternativas que o próprio curso oferece;

Certamente, porque eu sou apaixonado por essa área.

Talvez sim, porque não é bem o curso que eu queria fazer. Eu queria mesmo era ter feito Medicina, mas é um curso muito caro e muito longo.

No geral, dentre os 31 discentes com deficiência, 25 responderam que pretendiam exercer os cursos em realização como profissão, pois os escolheram por afinidade com a área e/ou por vocação, já ressaltados anteriormente; cinco, ficaram indecisos quanto ao exercício da profissão; um afirmou que não gostaria de atuar na área de seu curso, porque achava que a surdez iria atrapalhar, conforme verifica-se no Gráfico 9.

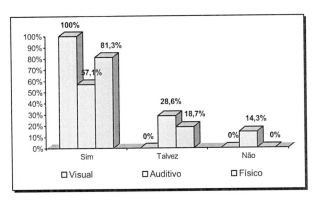

GRÁFICO 9 – EXERCÍCIO OU NÃO DA PROFISSÃO PELOS DISCENTES COM DEFICIÊNCIA
FONTE: DA AUTORA.

Dentre os discentes indecisos e/ou os que afirmaram que não pretendiam exercer a profissão, encontram-se os com deficiência auditiva e/ou surdos e os com deficiência física, devido não terem conseguido acesso aos cursos que tinham por vocação. As barreiras impostas pela falta de acesso ao conhecimento sociocultural, provenientes da carência de recursos materiais e humanos especializados em suas necessidades educacionais específicas, desde a Educação Básica à Educação Superior, certamente, dificultaram tal acesso.

3.6 Mediação no processo ensino-aprendizagem

Quando foi questionado se nas IES havia mediação no processo ensino-aprendizagem em relação à deficiência e/ou às suas necessidades educacionais específicas, dentre os discentes com deficiência visual, quatro responderam que não existia mediação no processo ensino-aprendizagem em relação às suas necessidades educacionais específicas; quatro disseram que a maioria dos docentes não faziam mediação adequada, mas que havia professores que ditavam para o aluno copiar; faziam transparência (à época) com letras bem grandes; entregavam o material com antecedência para o aluno ter tempo para estudar, conforme os depoimentos de alguns discentes, a seguir, e no Gráfico 10.

> Do mesmo modo que medeiam para os demais. Os professores não têm boa vontade, pois o que normalmente eu peço é o mínimo para que eu tenha um pouco menos de dificuldades, e mesmo assim, muitos não atendem, não se preocupam com as minhas necessidades educacionais especiais;
>
> Até o momento não está acontecendo nenhuma mediação adequada, as aulas estão sendo ministradas da mesma forma para todos, isto é, para os alunos que não tem deficiência visual;
>
> Eles escrevem no quadro com letras de forma, usam transparências ampliadas.

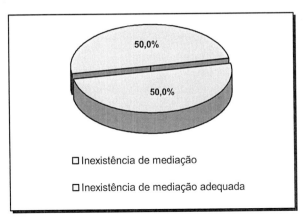

GRÁFICO 10 – MEDIAÇÃO DO PROCESSO ENSINO-APRENDIZAGEM AOS DISCENTES COM DEFICIÊNCIA VISUAL
FONTE: DA AUTORA.

Em relação aos discentes com deficiência auditiva e/ou surdos, quatro responderam que não existia mediação por parte dos professores; três disseram que alguns professores se preocupavam em falar de frente; perguntam se estavam entendendo, liam as provas e faziam explicações individuais, conforme o Gráfico 11 e o demonstrativo dos relatos a seguir:

> Eles não fazem nada para me ajudar. Eles dão aulas da mesma maneira para todos os alunos. Tem professor que passa filme dublado e eu não consigo entender. Tem professor que fala muito rápido e eu não entendo. Tem professor que não se preocupa em falar de frente para mim.
>
> Alguns professores falam de frente para mim, preocupavam-se eu estou entendendo ou não. Na hora da prova, eles lêem na minha mesa e perguntavam se eu estou entendendo, me explicam individualmente.

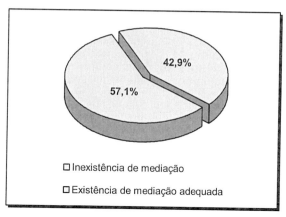

GRÁFICO 11 – MEDIAÇÃO DO PROCESSO ENSINO-APRENDIZAGEM AOS DISCENTES COM DEFICIÊNCIA AUDITIVA E/OU SURDOS
FONTE: DA AUTORA.

Quanto aos discentes com deficiência física, dez responderam que não existia necessidade de mediação no processo ensino-aprendizagem, pois eles não apresentam nenhuma dificuldade em relação ao acompanhamento das aulas; seis disseram que alguns professores medeiam o referido processo com: trabalhos extras; adequação de tempo para realização de atividades e provas; compreensão das dificuldades físicas dos alunos, como se observa nas falas a seguir e no Gráfico 12.

> Eu não sinto necessidade de mediação na parte pedagógica, meu único problema é de locomoção e quanto à essa questão, existe um certo descaso, que na minha concepção deve ser porque existe um número reduzido de alunos com deficiência no Ensino Superior e ninguém se preocupa se as condições materiais e humanas estão adequadas a nós alunos com deficiência;
>
> De forma normal, pois não existe necessidade de mediação diferenciada;
>
> Às vezes eu não tenho como vir e os professores compreendem as minhas dificuldades. Os professores às vezes passam trabalhos complementares para me ajudar nesse sentido;
>
> A mediação é mais na base da compreensão das minhas dificuldades de locomoção.

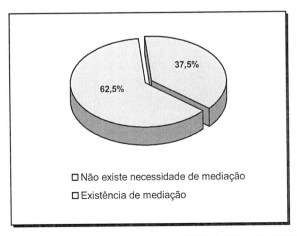

GRÁFICO 12 – MEDIAÇÃO DO PROCESSO ENSINO-APRENDIZAGEM AOS DISCENTES COM DEFICIÊNCIA FÍSICA
FONTE: DA AUTORA

Dentre os discentes com deficiência sensorial, a maioria afirmou não existir nenhuma mediação no processo ensino-aprendizagem por parte dos docentes, considerando suas necessidades educacionais específicas, mediação, essa, imprescindível durante o processo ensino-aprendizagem.

Ressalta-se que os discentes com deficiência física fizeram questão de esclarecer que não precisavam de nenhuma mediação pedagógica, apenas que as aulas fossem realizadas em lugares de fácil acessibilidade, visto a ocorrência de faltas e/ou atrasos nas aulas em decorrência das dificuldades de locomoção. Por causa do fato sinalizado, os professores passavam trabalhos extras, bem como adequavam o tempo para realização de atividades e provas às necessidades desses alunos.

As mediações feitas por alguns docentes, de acordo com os referidos alunos, compreendem: ditar para os alunos copiarem as aulas; uso de transparências (à época) com letras ampliadas; entrega de material didático com antecedência para o aluno ter tempo de estudar; falar de frente para o aluno com deficiência auditiva e/ou surdo, para que esse consiga fazer leitura labial; explicações individuais; leitura prévia de provas; explicações de forma clara e pausadamente; trabalhos extras para ajudar nas notas; adequação de tempo para realização de atividades e provas; compreensão das dificuldades de locomoção dos alunos com deficiência física.

3.7 Recursos materiais e humanos nas IES

Todos os alunos com deficiência visual disseram não existir, nas IES em que estudavam, recursos materiais e humanos especializados para as suas necessidades educacionais específicas, sendo que um aluno acrescentou: "– Na que eu estudo tem recursos materiais para receber apenas alunos com deficiência física".

Os sete alunos com deficiência auditiva e/ou surdos foram unânimes ao afirmar que nas IES faltavam recursos humanos especializados em suas necessidades educacionais específicas, principalmente professores que soubessem Libras, conforme alguns relatos a seguir:

> Os professores não sabem Libras e fica difícil o nosso entendimento.
>
> Falta profissionais especializados. Tem que ter intérpretes como funcionários das IES para ajudar na compreensão das palavras.
>
> A maioria dos professores desconhece as dificuldades dos alunos deficientes auditivos.

Dentre os discentes com deficiência física, nove afirmaram que não existiam recursos materiais nas IES, e que as barreiras arquitetônicas eram os seus maiores problemas na busca pelo conhecimento, mas que, em relação aos professores, a maioria sabia como tratá-los; cinco afirmaram que existiam recursos materiais e humanos que atendiam suas necessidades educacionais específicas nas IES em que estudavam; dois disseram que nas IES existiam muitas dificuldades de acessibilidade física e que os recursos humanos não satisfaziam as necessidades educacionais específicas dos alunos. De acordo com as falas a seguir e no Gráfico 13:

> Sim, para mim existem os recursos que eu necessito;
>
> A maioria dos profissionais não é preparada para trabalhar com pessoas que têm deficiência;

Não existe estrutura física que facilite a minha locomoção aqui dentro, mas a maioria dos professores me trata muito bem;

A questão da acessibilidade está muito a desejar. Dos professores eu não tenho do que reclamar;

As barreiras arquitetônicas são um grande problema na busca pelo conhecimento;

Existem muitas barreiras arquitetônicas. Quanto aos recursos humanos, ainda estão muito a desejar.

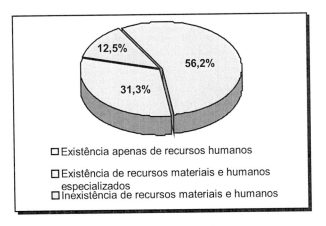

GRÁFICO 13 – RECEPÇÕES DOS DISCENTES COM DEFICIÊNCIA FÍSICA EM RELAÇÃO AOS RECURSOS MATERIAIS E HUMANOS PARA O ATENDIMENTO DE SUAS NECESSIDADES EDUCACIONAIS ESPECÍFICAS
FONTE: DA AUTORA.

Conforme os relatos dos discentes com deficiência sensorial, não existiam recursos materiais e humanos especializados que atendessem suas necessidades educacionais específicas nas IES em que estudavam, como, no mínimo: materiais didáticos em Braille e com fontes ampliadas; professores que saibam Libras, bem como presença de intérpretes com nível superior e/ou com bom nível de escolaridade em sala de aula, com condições de entender os conteúdos ministrados para poderem explicar aos discentes com deficiência auditiva e/ou surdos.

Dentre os alunos com deficiência física, a maioria afirmou que nas referidas instituições não existiam condições adequadas de acessibilidade.

Faz-se importante esclarecer que os discentes que afirmaram existir, nas IES em que estudavam, recursos materiais e humanos adequados às suas necessidades educacionais específicas, pertenciam às IES privadas.

3.8 Dificuldades em relação ao acesso e à permanência

Quando foram questionados se havia dificuldades em relação ao acesso e à permanência na educação superior, todos os discentes com deficiência visual relataram que as maiores dificuldades vivenciadas por eles para terem acesso à educação superior foram devido à falta de acesso ao conhecimento, pois existe muita carência de material didático adaptado para deficientes visuais, como no caso: livros com letras grandes, livros e materiais didáticos em Braille. Essa realidade contribuiu para que a maioria desses alunos não se sentisse em condições de igualdade para competir por uma vaga no processo seletivo vestibular em relação aos demais alunos sem deficiência sensorial.

Quanto à permanência dos alunos com deficiência visual, seis alunos disseram que suas dificuldades em permanecer na educação superior eram decorrentes da falta de materiais didáticos com letras ampliadas aos discentes com baixa visão, bem como procedimentos metodológicos inadequados, no caso, escritos no quadro com letras pequenas e com cores que dificultam a visão; falta de tempo suficiente para a realização de atividades e provas; materiais didáticos trabalhados em sala com fonte pequena; condições inadequadas para realizar provas; fichas para renovação de matrículas com quadros e fontes pequenas; uso de filmes com legenda; pincéis usados para escrever no quadro com a tinta fraca; letras com fonte pequena nas provas e nas transparências utilizadas nos retroprojetores, à época, bem como carência de professores especializados em alunos com deficiência. Um aluno disse que as dificuldades vivenciadas por ele ocorriam por falta de materiais didáticos em braille e por não terem professores especializados em sala de aula, além do despreparo das IES para darem suporte às suas necessidades educacionais específicas; outro afirmou que o que dificultava sua permanência na IES era a falta de condições financeiras, pois o custo para xerocar ampliado todo o material, que se fazia necessário, era muito alto. Conforme verifica-se no Gráfico 14.

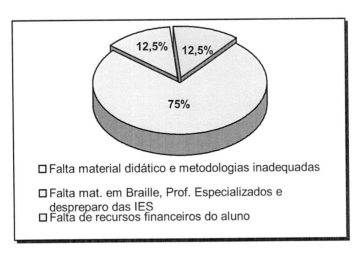

GRÁFICO 14 – DIFUCULDADES DE ACESSO E PERMANÊNCIA DOS ALUNOS COM DEFICIÊNCIA VISUAL NA EDUCAÇÃO SUPERIOR
FONTE: DA AUTORA.

Dentre os sete discentes com deficiência auditiva e/ou surdos, cinco falaram que tiveram muitas dificuldades para conseguir acesso à educação superior por apresentarem grandes dificuldades para ler e entender o significado das palavras, bem como para compreenderem a mensagem das frases e dos textos durante o exame, por causa da falta de intérpretes de Libras no processo seletivo vestibular, como se observa nas respectivas falas a seguir e no Gráfico 15.

> A falta de intérpretes em Libras em sala de aula dificultou minha entrada no ensino superior e está dificultando minha permanência;
> Eu pensava que nunca ia poder entrar na Universidade. A falta de intérprete no vestibular me angustiava muito. Aí eu evitava fazer;
> Eu tive muita dificuldade para entrar no Ensino Superior Público,

desde 1995 que eu estava tentando, e só consegui em fevereiro de 2004 em uma Faculdade Particular.

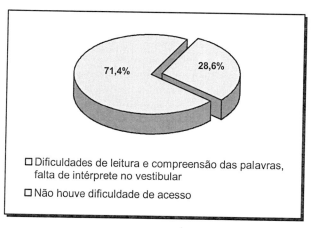

GRÁFICO 15 – DIFICULDADES DE ACESSO E PERMANÊNCIA DOS ALUNOS COM DEFICIÊNCIA AUDITIVA E/OU SURDOS NA EDUCAÇÃO SUPERIOR
FONTE: DA AUTORA.

Dois discentes com deficiência auditiva e/ou surdos disseram não ter encontrado dificuldades para ingressarem na educação superior.

Quanto à permanência dos alunos com deficiência auditiva e/ou surdos na educação superior, todos os entrevistados foram unânimes ao afirmar que se encontravam tendo dificuldades por causa de carência de professores especializados em suas necessidades educacionais específicas e por causa de metodologias inacessíveis. As dificuldades citadas foram: filmes dublados; professores explicando assuntos de costas para o aluno; professores explicando muito rapidamente; falta de intérpretes de Libras em salas de aula; professores que não sabem libras; dificuldades de comunicação entre professor-aluno; trabalhos com exposição oral; traços de indiferença por parte de alguns professores; preconceito por parte de alguns colegas; barulho dentro da sala de aula resultante de conversas paralelas, além do som do aparelho de ar condicionado. Na sequência, têm-se os depoimentos:

A maior dificuldade que eu passei foi no início do curso, pois não tinham intérpretes. E, ainda, quando o intérprete não vem, eu tenho muitas dificuldades para ler, entender o significado das palavras e para compreender a mensagem das frases e dos textos;

O barulho do ar condicionado costuma atrapalhar o meu entendimento durante as aulas. Eu perco a concentração se tiver barulho no ambiente, por causa do aparelho que eu uso. Algumas vezes tem professores que passam filmes dublados e eu não consigo ouvir, legendado é melhor para mim. Alguns professores ficam andando em sala e falando por trás de mim;

Aqui eu estou me sentido muito sozinha, ninguém me ajuda na sala de aula e eu me sinto muito mal. Eu fico nervosa, com medo dos professores fazerem perguntas para mim e eu não saber responder e as pessoas ficarem rindo de mim. Eu não faço nenhuma pergunta em sala e está sendo muito complicado para mim. A maior dificuldade que eu estou tendo é de relacionamento em sala de aula, meus colegas não me entendem, eles pensam que eu não sou normal como eles, só porque eu tenho o problema da audição. Eu acho que meus colegas estão só acostumados com pessoas normais, não com pessoas como eu, com deficiência. O barulho do ar condicionado não deixa eu entender direito o que o professor está explicando.

Dentre os discentes com deficiência física, nove responderam que tiveram dificuldades quanto ao acesso e à permanência na educação superior, devido à existência de barreiras arquitetônicas como: falta de estrutura física dos prédios; falta de rampas e elevadores; salas de aulas em andares superiores; rampas fora dos padrões recomendados; rampas escuras; rampas sem corrimão; rampas localizadas na parte externa dos prédios e sem coberturas; pisos inadequados; laboratórios, auditórios e coordenações localizados em andares superiores e em prédios apenas com escadas; rampas servindo de depósito e dificultando suas passagens; falta de ônibus adaptado na linha do *campus* universitário; dificuldades de locomoção de um prédio para outro dentro da IES, devido à falta de calçadas e ciclovias, entre outros. Seis alunos com deficiência física informaram não terem encontrado nenhuma dificuldade para entrarem e permanecerem nas IES; um respondeu que teve dificuldades para entrar na educação superior, mas que não estava tendo dificuldades em permanecer nela. Conforme apresentado no Gráfico 16 e em algumas falas a seguir:

> Não tem estrutura física;
>
> A maioria dos profissionais não são preparados para trabalharem com pessoas que tem deficiências;
>
> A estrutura física não favorece o acesso para cadeirante;
>
> Existem muitas barreiras de locomoção, mas tem alguns professores que entendem as minhas dificuldades;
>
> Aqui eu não tenho dificuldades de acesso físico;
>
> Para mim existem recursos que atendem as minhas necessidades;
>
> As barreiras arquitetônicas são um grande problema na busca pelo conhecimento;
>
> Para o aluno com deficiência física existem recursos materiais sim.

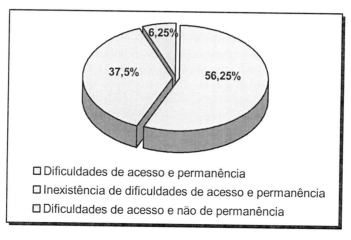

GRÁFICO 16 – DIFICULDADES DE ACESSO E PERMANÊNCIA DOS ALUNOS COM DEFICIÊNCIA FÍSICA NA EDUCAÇÃO SUPERIOR
FONTE: DA AUTORA.

Interessante ressaltar, também, que esses alunos tiveram menos dificuldades para ingressar na educação superior do que estavam tendo para permanecer nas IES. Entretanto, os discentes com deficiência visual e auditiva foram os que mais tiveram dificuldades, tanto para ingressar quanto para permanecer nas IES.

Registra-se que, dentre os discentes que afirmaram não terem encontrado dificuldades para ingressar e permanecer nas IES, a maioria era aluno com deficiência física e de instituição privada.

3.9 Sugestões às aulas ministradas na educação superior

Quando foram indagados como gostariam que as aulas fossem ministradas levando-se em consideração suas necessidades educacionais específicas, quatro alunos com deficiência visual gostariam que os professores lessem o que vão escrevendo no quadro durante as aulas; quatro sugeriram que o material trabalhado em sala de aula estivesse com fontes ampliadas e fossem entregues com antecedência para que pudessem acompanhar melhor as aulas. Além disso, ressaltaram o uso de certas metodologias, como: explicações claras com associações em algo concreto; gráficos e tabelas em alto relevo; materiais didáticos em Braille; uso de seminários, debates e discussão de textos; usos de filmes dublados; adequações nos materiais utilizados em sala de aula, levando em consideração a deficiência visual; não mostrar nem realizar experimentos e/ou exemplos de forma rápida. Conforme algumas falas, a seguir, e no Gráfico 17.

> Que fossem explicadas em uma linguagem mais clara, menos complicada, e que tivessem associações com algo concreto. Que os gráficos fossem em alto relevo. Que as IES-MA preparassem esses materiais com antecedência e fontes ampliadas;
>
> Eu gostaria que todo o material trabalhado em sala de aula fosse tivesse letras ampliadas. As IES deveriam ter pelo mínimo alguns livros referentes aos cursos com letras ampliadas e em braille, disponíveis na biblioteca;
>
> Que no momento em que os professores estiverem copiando as aulas no quadro, eles pudessem ler o que está escrito. No laboratório deveriam se preocupar em colocar uma tarja nos vidros para que eu conseguisse visualizá-los e distinguir um objeto de outro, e durante os experimentos não fazer de forma muito rápida.

GRÁFICO 17 – SUGESTÕES DOS ALUNOS COM DEFICIÊNCIA VISUAL PARA A REALIZAÇÃO DAS AULAS NAS IES
FONTE: DA AUTORA.

Dentre os sete discentes com deficiência auditiva e/ou surdos, três gostariam que os professores falassem mais pausadamente durante as aulas e sempre de frente, para que pudessem fazer leitura labial; três ressaltaram que gostariam que as aulas fossem ministradas por professores que soubessem Libras, para possibilitar melhor comunicação entre professor e aluno, e que esses fossem especialistas em alunos com necessidades educacionais específicas, de preferência em deficiência auditiva e/ou em surdez; um disse que gostaria que as aulas fossem com vários recursos visuais e que os professores gesticulassem mais. De acordo com algumas falas a seguir e no Gráfico 18.

> Que os professores falem de frente e de vagar;
> Que fossem ministradas por professores que soubessem Libras;
> Que os professores falassem mais de vagar, que falassem sempre de frente para mim.

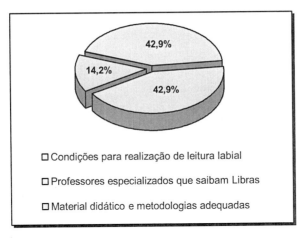

GRÁFICO 18 - SUGESTÕES DOS ALUNOS COM DEFICIÊNCIA AUDITIVA E/OU SURDOS PARA A REALIZAÇÃO DAS AULAS NAS IES
FONTE: DA AUTORA.

Dentre os discentes com deficiência física, nove disseram não existir nenhuma necessidade de adaptação nas aulas, em relação às suas deficiências de locomoção; sete falaram que gostariam que as aulas sempre fossem realizadas em lugares de fácil acessibilidade, como nos andares térreos ou em lugares com rampa ou com elevador e que, de preferência, fossem ministradas em lugares fixos, sem mudanças de salas e de prédios, como ressaltam as falas de dois alunos com deficiência física e é apresentado no Gráfico 19.

> Quanto às aulas práticas, eu gostaria que fossem escolhidos ambientes de fácil acesso, para que não exista exclusão da pessoa com dificuldade de locomoção;
>
> Que as aulas fossem ministradas em um lugar só, em um lugar fixo, para eu não ter a dificuldade de ir de um prédio para outro, de uma sala para outra.

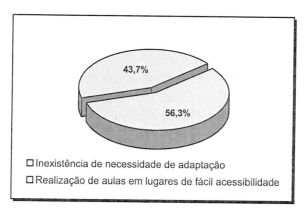

GRÁFICO 19 – SUGESTÕES DOS ALUNOS COM DEFICIÊNCIA FÍSICA PARA A REALIZAÇÃO DAS AULAS NAS IES
FONTE: DA AUTORA.

De acordo com os dados, a maioria dos discentes sugere e/ou solicita que os professores ministrem as aulas e/ou operacionalizem o processo ensino-aprendizagem levando em consideração suas necessidades educacionais específicas.

3.10 O preparo das IES ao acesso e à permanência de discentes com deficiência

Quando foi perguntado se as IES encontravam-se preparadas para garantir o acesso e a permanência, com êxito na aprendizagem e no prosseguimento nos estudos, deles, os discentes com deficiência visual foram unânimes ao afirmar que as IES não se encontravam preparadas para o acesso e à permanência de discentes com deficiência, principalmente para os com deficiência visual.

Dentre os discentes com deficiência auditiva e/ou surdos, seis afirmaram que as IES não se encontravam preparadas para recebê-los, nem para garantir, satisfatoriamente, suas aprendizagens, visto que essas precisavam ter profissionais especializados, principalmente, em alunos surdos; um aluno disse que as IES encontravam-se adaptadas apenas para alunos com deficiência física, conforme observa-se no depoimento, a seguir: "Para atender todas as deficiências não, essas Instituições estão mais preparadas para atenderem os alunos com deficiência física".

Quanto aos discentes com deficiência física, 12 disseram que as IES não se encontravam preparadas ao acesso e à permanência de alunos com deficiência sensorial ou física; quatro responderam que as referidas instituições encontravam-se preparadas apenas ao acesso de alunos com deficiência física. Esses dados são verificados nos depoimentos a seguir:

> Levando em consideração os alunos deficientes visuais e auditivos, eu acho que elas não estão preparadas;
>
> Não. O que ocorre é que está sendo menos difícil ter acesso e permanecer no Ensino Superior, alunos com deficiência física, do que os alunos deficientes visuais e auditivos;
>
> Na questão do deficiente visual e auditivo eu acredito que as IES/MA não estão preparadas, apenas estão para os com deficiências motoras;
>
> Não, algumas apenas estão adaptadas para o acesso físico desses alunos.

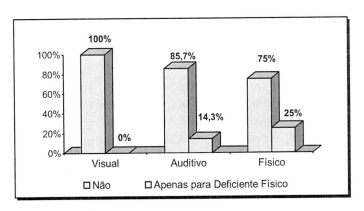

GRÁFICO 20 – OPINIÕES DOS PARTICIPANTES EM RELAÇÃO À PREPARAÇÃO PARA O ACESSO E PARA A PERMANÊNCIA DE DISCENTES COM DEFICIÊNCIA NAS IES
FONTE: DA AUTORA.

No contexto explanado, dentre os referidos discentes, a maioria afirmou que as IES ainda não se encontram preparadas para garantir o acesso e à permanência com êxito na aprendizagem de alunos com deficiência e/ou com necessidades educacionais específicas, visto carecerem de recursos materiais e humanos especializados em discentes com deficiência sensorial e física. Dentre os que disseram que as IES encontravam-se apenas adaptadas para alunos com deficiência física, a maioria foi dita pelos próprios alunos com deficiência física. Conforme verifica-se no Gráfico 20, anteriormente, apresentado.

3.11 Dificuldades da permanência na educação superior dos alunos com deficiência sensorial e física

Quando se indagou se encontravam-se tendo alguma dificuldade em permanecer na educação superior, dentre os discentes com deficiência visual, quatro disseram que a falta de recursos humanos especializados estava dificultando a permanência deles nas IES; quatro falaram que o que estava dificultando era a falta de recursos materiais adequados, os quais: livros em Braille, materiais didáticos com fontes ampliadas e metodologias adequadas, conforme os respectivos depoimentos a seguir e o Gráfico 21.

> As IES/MA ainda não estão adequadas ao aluno com deficiência. Faltam recursos materiais especializados;
>
> Ainda existem muitas dificuldades por parte dos professores em relação às metodologias para alunos com deficiência visual;
>
> Falta recursos humanos especializados em alunos com necessidades educacionais especiais;
>
> Não existem recursos materiais para alunos cegos no Ensino Superior.

GRÁFICO 21 – OPINIÕES DOS DISCENTES COM DEFICIÊNCIA VISUAL EM RELAÇÃO ÀS DIFICULDADES DE PERMANÊNCIA NAS IES
FONTE: DA AUTORA.

Em relação aos discentes com deficiência auditiva e/ou surdos, cinco disseram que as dificuldades em permanecer nas IES eram devido à falta de profissionais especializados e intérpretes em Libras; dois afirmaram que era por falta de uma política de inclusão mais enérgica, além do descaso das autoridades competentes e da falta de estrutura física das IES, conforme o Gráfico 22.

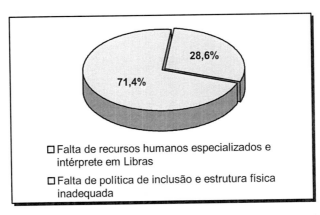

GRÁFICO 22 – OPINIÕES DOS DISCENTES COM DEFICIÊNCIA AUDITIVA E/OU SURDOS EM RELAÇÃO ÀS DIFICULDADES DE PERMANÊNCIA NAS IES
FONTE: DA AUTORA.

Dentre os discentes com deficiência física, 11 falaram que as barreiras arquitetônicas dificultavam a permanência deles, em decorrência de a estrutura da maioria dos prédios não ser adaptada para alunos com deficiência física e/ou motora, dificultando, com isso, os seus deslocamentos nas referidas instituições, assim como na busca pelo acesso aos conhecimentos acadêmicos; três disseram que era devido à falta de acompanhamento por profissional especializado; dois responderam que era devido à inexistência de incentivo por parte das autoridades competentes, além da falta de apoio tanto da sociedade como da própria família dos discentes com deficiência, de acordo com o Gráfico 23.

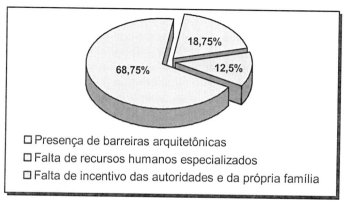

GRÁFICO 23 – OPINIÕES DOS DISCENTES COM DEFICIÊNCIA FÍSICA EM RELAÇÃO ÀS DIFICULDADES DE PERMANÊNCIA NAS IES
FONTE: DA AUTORA.

Diante dos dados, o que se encontrava dificultando a permanência dos discentes com deficiência e/ou com necessidades educacionais específicas nas IES era: falta de recursos materiais e humanos especializados nas referidas necessidades; barreiras arquitetônicas; falta de uma política de inclusão enérgica para alunos com necessidades educacionais específicas na educação superior; falta de incentivo aos referidos alunos por parte das autoridades competentes e da própria família deles.

3.12 Direitos à qualificação educacional e profissional enquanto discentes com deficiência

Quando foram indagados se conheciam seus direitos, enquanto alunos com deficiência, à qualificação educacional e profissional, dentre os discentes com deficiência visual, quatro disseram que não conheciam seus direitos; quatro responderam que conheciam apenas um pouco sobre o assunto.

Em relação aos discentes com deficiência auditiva e/ou surdos, cinco falaram conhecer seus direitos, principalmente o direito de terem intérpretes em Libras dentro de sala de aula; dois informaram que desconheciam os respectivos direitos, de acordo com os relatos a seguir:

> Eu conheço a Lei que institui a Língua de Sinais e garante a participação de intérprete na sala de aula. Mas a gente sofre muito com o descaso dessa Lei;
>
> Eu sei que nós temos direitos a intérpretes em sala de aula;
>
> Infelizmente o estado está um pouco atrasado em relação a educação do surdo, mas a gente tem que ter paciência. Nós temos Leis que nos dão direitos, mas não são cumpridas da forma adequada;
>
> Infelizmente não. Nem tudo é divulgado e fica um lado obscuro sobre essa questão;
>
> Eu não conheço os meus direitos, agora é que eu estou tendo uma disciplina, que talvez fale sobre isso.

Em relação aos discentes com deficiência física, oito disseram conhecer, principalmente, o direito de acessibilidade; oito responderam que não conheciam seus direitos, enquanto alunos com deficiência e/ou com necessidades educacionais específicas, conforme destacado em alguns relatos, a seguir:

> Eu tenho a LDB, eu conheço alguns tópicos que são direcionados à Educação Especial. Conheço alguns direitos e alguns deveres;
>
> Muitas pessoas com necessidades especiais não sabem de seus direitos, e eu me incluo dentro desse universo;
>
> O pouco que eu sei é muito do que eu corro atrás para saber, como a questão do transporte adaptado que eu fui me informar sobre essa Lei;

Eu não sei exatamente o que é que a Lei me garante. É bom que eu tenha conhecimento disso, para ter embasamento, saber questionar e lutar pelos meus direitos;

Eu não posso me conformar quando eu sei que existe uma Lei de acessibilidade e que eu dependo dela para poder me deslocar de um lugar para outro e não consigo porque as autoridades competentes não operacionalizam essa Lei.

De modo geral, dentre os discentes com deficiência, 14 desconheciam seus direitos enquanto alunos com deficiência e/ou com necessidades educacionais específicas; 13 conheciam e quatro conheciam um pouco, conforme apresenta-se no gráfico 24.

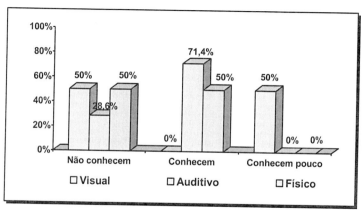

GRÁFICO 24 – CONHECIMENTO DOS PARTICIPANTES SOBRE SEUS DIREITOS COMO DISCENTES COM NECESSIDADES EDUCACIONAIS ESPECÍFICAS NAS IES
FONTE: DA AUTORA.

Somando-se os alunos que não conheciam seus direitos com os que conheciam um pouco, pode-se dizer que a maioria deles desconhecia seu direito de aluno com deficiência e/ou com necessidade educacional específica, na educação superior. Houve, inclusive, alunos que fizeram reflexões se o desconhecimento desses direitos não seria uma das causas das dificuldades enfrentadas no processo seletivo vestibular, bem como as que enfrentavam para permanecer nas IES.

Dentre os discentes com deficiência auditiva e/ou surdos e os com deficiência física que afirmaram conhecer os referidos direitos, ao serem questionados quais seriam esses, responderam baseados apenas nos direitos específicos de suas necessidades especiais, desconhecendo-os na sua forma mais abrangente. Nesse contexto, os discentes com deficiência auditiva e/ou surdos sabiam que tinham direitos a intérpretes em Libras dentro das salas de aulas, e os discentes com deficiência física sabiam que tinham direitos de acesso a todos os lugares, e que esses espaços deviam ser adaptados às suas necessidades específicas, como, no caso: prédios com rampas dentro dos padrões oficiais; elevadores nos prédios; banheiros adaptados; ônibus adaptado para pessoas em cadeira de rodas, entre outros.

Conforme observa-se no Gráfico 24, anteriormente apresentado, os discentes com deficiência visual foram os que demonstraram ter menos conhecimento sobre o assunto abordado, certamente, devido à ausência e/ou à carência de materiais em Braille e em fontes ampliadas, dificultando com isso, o acesso, desses alunos, aos conhecimentos socioculturais produzidos nas IES.

3.13 A viabilização do acesso e da permanência na educação superior

Quando se questionou aos participantes o que poderia ser feito para a viabilização do acesso e da permanência a um maior número de discentes com deficiência e/ou com necessidades educacionais específicas nas Instituições de Educação Superior, dentre os oito alunos com deficiência visual, dois disseram que era necessário o aumento do número de vagas nas universidades públicas, e que as IES usassem critérios diferenciados na avaliação de alunos com deficiência sensorial; dois falaram que as IES deviam ter em seus acervos recursos materiais adequados para as devidas deficiências; dois disseram ser necessária a presença de profissionais especialistas em alunos com deficiência desde a educação básica, de forma a proporcionar condições de aprendizagens; dois falaram que as IES deviam ter recursos materiais e recursos humanos especializados para facilitarem o acesso de conhecimentos acadêmicos aos alunos com necessidades educacionais específicas. Conforme as falas a seguir e o Gráfico 25.

Aumentar o número de vagas para o Ensino Superior Público. Favorecer a acessibilidade ao conhecimento e ter critérios diferenciados para o acesso de alunos com deficiência sensorial;

Disponibilizar os recursos materiais necessários para a chegada desses alunos, é o caminho mais racional que eu vejo;

Favorecer educação de qualidade na Educação Básica, dando condições para que o aluno com deficiência possa estudar e aprender. As IES têm que favorecer as devidas oportunidades, tanto as físicas, quanto as pedagógicas;

Os profissionais da educação devem ser conscientizados em relação a questão do aluno com deficiência, pois o discurso é altamente discriminante. Mudar a forma da avaliação no vestibular. Ter profissionais especializados para evitar que esses alunos não desistam de seus cursos.

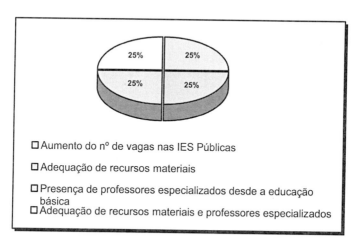

GRÁFICO 25 – SUGESTÕES DOS ALUNOS COM DEFICIÊNCIA VISUAL PARA VIABILIZAÇÃO DE UM MAIOR NÚMERO DE ALUNOS COM DEFICIÊNCIA NAS IES
FONTE: DA AUTORA.

Em relação aos discentes com deficiência auditiva e/ou surdos, três responderam que as IES tinham que disponibilizar recursos humanos necessários para garantir o acesso e a permanência deles, com êxito na aprendizagem; dois falaram que era preciso uma parceria entre as IES e as instituições que representam pessoas com deficiência e/ou com necessidades educacionais específicas, visando ao acesso e à permanência deles na Educação Superior; dois disseram que as IES deviam aumentar o número de vagas e reservar um determinado número para alunos com deficiência, bem como rever as metodologias adotadas em sala de aula. Esses aspectos estão exemplificados nas falas a seguir e no Gráfico 26.

> Que as Universidades Federal e Estadual aumentem o número de vagas, e deixem vagas para as pessoas com deficiência que querem estudar e não têm dinheiro para pagar uma Universidade Particular;
>
> É preciso existir uma parceria das Instituições de Ensino Superior com órgãos que trabalham com pessoas com deficiência;
>
> Que as IES revejam suas metodologias excludentes;
>
> Que as IES invistam mais em profissionais especialistas em alunos com necessidades especiais.

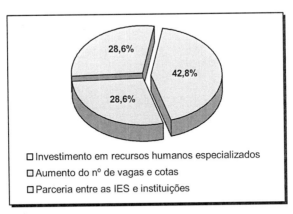

GRÁFICO 26 – SUGESTÕES DOS ALUNOS COM DEFICIÊNCIA AUDITIVA E/OU SURDOS PARA VIABILIZAÇÃO DE UM MAIOR NÚMERO DE ALUNOS COM DEFICIÊNCIA NAS IES
FONTE: DA AUTORA.

Dentre os discentes com deficiência física, cinco responderam que faltava melhorar a estrutura física das IES e eliminar as barreiras arquitetônicas; quatro disseram que faltava às IES investirem em profissionais especializados em alunos com deficiência e/ou com necessidades educacionais específicas; quatro falaram que faltava incentivo do Governo Federal para as IES públicas, bem como criar políticas que fizessem as IES cumprirem o que existe nas leis em relação aos alunos com deficiência; conscientizar a sociedade para a questão da deficiência; investir mais em ônibus adaptados para pessoas com deficiência física; dois alunos pontuaram que as IES que se encontram em condições de receber alunos com deficiência e/ou com nessidades educacionais específicas deviam divulgar isso para a sociedade, enfatizando às pessoas que a deficiência não é obstáculo para o acesso à educação superior; outro aluno disse que deveria existir cotas para alunos com deficiência na educação superior, de acordo com o Gráfico 27.

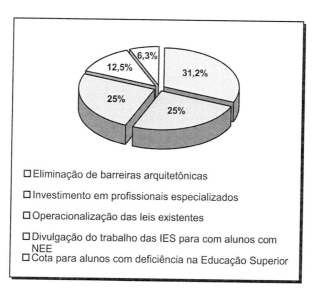

GRÁFICO 27 – SUGESTÕES DOS ALUNOS COM DEFICIÊNCIA FÍSICA PARA VIABILIZAÇÃO DE UM MAIOR NÚMERO DE ALUNOS COM DEFICIÊNCIA NAS IES
FONTE: DA AUTORA.

Observou-se que tanto nas respostas dos alunos com deficiência sensorial quanto nas dos alunos com deficiência física estiveram presentes questões relacionadas à necessidade do aumento do número de vagas nas IES públicas, bem como da presença de profissionais especializados nas referidas instituições. Sinalizando-se que, para os discentes com deficiência visual, destacam-se a necessidade de recursos materiais especializados; para os com deficiência auditiva e/ou surdos, a presença de recursos humanos com especialização em suas necessidades educacionais específicas, no caso a surdez, assim como a importância do intérprete de Libras; e, aos com deficiência física e/ou motora, a eliminação de barreiras arquitetônicas para viabilizar o acesso desses aos espaços físicos nas IES, assim como aos conhecimentos acadêmicos.

É interessante destacar as colocações do tipo: parcerias entre as IES e as instituições que defendem e/ou operacionalizam os direitos desses alunos; divulgação por parte das IES para a sociedade sobre as condições de acessibilidade a esses alunos nas referidas instituições; o investimento e/ou incentivo do Governo Federal que viabilize a operacionalização da legislação federal vigente em benefício da inclusão de pessoas com deficiência e/ou com necessidades educacionais específicas na educação superior, entre outras, anteriormente destacadas, as quais reforçam a situação excludente desses alunos na maioria das instituições de educação superior pesquisadas.

Os dados revelam que a conquista do acesso à educação superior não é garantia de sucesso acadêmico e social, portanto cabe às IES reverem suas reais condições de acessibilidade, visando à qualificação educacional e profissional de seus discentes, garantindo educação de boa qualidade, com profissionais e/ou com docentes capazes de operacionalizar o processo ensino-aprendizagem em benefício da aprendizagem dos alunos com deficiência e/ou com necessidades educacionais específicas.

CAPÍTULO 4

O CONTEXTO DA INCLUSÃO NA EDUCAÇÃO SUPERIOR ANTES E APÓS A RESERVA DE VAGAS PARA O ACESSO DE DISCENTES COM DEFICIÊNCIA

Ao se analisar a Legislação Federal, à época, pode-se dizer que esta já viabilizava a permanência a uma parcela de pessoas consideradas com necessidades educacionais especiais/específicas na Educação Superior há mais de 30 anos, considerando-se a Resolução nº 2, do então Conselho Federal de Educação, de 24 de fevereiro de 1981, a qual autorizava a concessão para dilatação do prazo de conclusão dos cursos de graduação, aos discentes com deficiência física, afecções congênitas ou adquiridas e com as demais leis[1], brevemente pontuadas a seguir.

Em 1988, a Constituição Federal Brasileira dispõe que o dever do Estado com a educação seria efetivado mediante a garantia de, dentre outros, atendimento educacional especializado às pessoas com deficiência, preferencialmente na rede regular de ensino.

No ano seguinte, a Lei nº 7.853/89, regulamentada pelo Decreto nº 3.298/99, demonstra uma preocupação em assegurar às pessoas com deficiência o pleno exercício de seus direitos básicos, inclusive os direitos à educação ao determinar que é crime punível de um a quatro anos de reclusão, não deixar ter acesso ou permanência sem justa causa, alunos com deficiência em qualquer nível de ensino, público ou privado, por motivos derivados da própria deficiência. Se esta lei fosse operacionalizada criteriosamente, um número bem maior de alunos com deficiência e/ou com necessidades educacionais específicas estaria tendo acesso e permanência nas IES.

Em 1994, a Portaria nº 1.793/94 recomenda a inclusão da disciplina "Aspectos ético-político-educacionais da normalização e integração da pessoa com necessidades especiais"[2], prioritariamente, nos

---
[1] GOTTI, 2004.
[2] BRASIL. Ministério da Educação. **Portaria nº 1.793**, de dezembro de 1994. Recomenda a inclusão da disciplina ou inclusão de conteúdos sobre aspectos ético-político-educacionais da normalização e integração da pessoa

cursos de Psicologia, Pedagogia e nas demais licenciaturas, bem como a inclusão de conteúdos relativos à referida disciplina em Cursos de Saúde, de Serviço Social e demais cursos superiores, segundo suas especificidades. Demonstrando, com isso, uma preocupação em conscientizar e qualificar futuros recursos humanos para viabilizar o acesso e a permanência de alunos com necessidades educacionais especiais/específicas em todos os níveis de ensino, assim como a inclusão social desses.

No contexto, ressalta-se que a carência e/ou falta de docentes especializados no processo ensino-aprendizagem de pessoas consideradas público-alvo da educação especial, é bastante citada como uma das dificuldades para o acesso e a permanência dos referidos discentes na Educação Superior.

Em 1996, as IES receberam o Aviso Circular nº 277/96, com sugestões de encaminhamentos para viabilizar o processo de acesso e permanência de alunos com deficiência e/ou com necessidades educacionais especiais/específicas na Educação Superior, sobretudo no processo seletivo, concurso vestibular, ressaltando que as referidas instituições desenvolvessem ações que possibilitassem a flexibilização dos serviços educacionais, de infraestrutura, de capacitação de recursos humanos, que proporcionassem uma permanência com qualidade a esses alunos. Nesse contexto, acrescenta-se, ainda, com garantia de aprendizagem e prosseguimento nos estudos.

Em 1999, o Decreto nº 3.298/99 vem sinalizando que a Educação Especial como modalidade de educação escolar permeia transversalmente todos os níveis e modalidades de ensino, reforçando os direitos das pessoas com deficiência ao atendimento educacional especializado dentro das instituições de ensino.

A partir de 1999, com a Portaria nº 1.679/99, revogada pela Portaria nº 3.284/03, que dispõe sobre os requisitos de acessibilidade às pessoas com deficiência para instruir processos de autorização e de reconhecimento de cursos e credenciamento de instituições[3], as IES

---

portadora de necessidades especiais em cursos de graduação. Brasília, DF, 1994b. Disponível em: <http://portal.mec.gov.br/seesp/arquivos/pdf/port1793.pdf>. Acesso em: 10 set. 2012.
[3] BRASIL, 2003.

começaram a se adaptar, segundo as referidas exigências, para o acesso de alunos com deficiência e/ou com necessidades educacionais especiais/específicas à educação superior.

Em 2001, o Plano Nacional de Educação (Lei nº 10.172/01) vem sinalizando a falta de dados oficiais sobre o número de pessoas com deficiência e/ou com necessidades educacionais especiais/específicas na Educação Superior. No mesmo contexto, nas IES/MA, os referidos dados não foram, também, encontrados.

No ano de 2003, tem, ainda, a Portaria nº 3.284/03, que dispõe sobre a responsabilidade das IES públicas e privadas em assegurarem condições de acesso, permanência e atendimento especializado aos alunos com deficiência sensorial e física na educação superior.[4]

Vendo-se por este aspecto, a Legislação Federal progrediu quanto à tentativa de inclusão dos referidos alunos a níveis mais elevados de ensino, o que, neste estudo, corresponde à Educação Superior. Percebe-se que os desafios a serem superados para que discentes com deficiência e/ou com necessidades educacionais específicas tenham acesso, permanência e atendimento especializado nas Instituições de Educação Superior de São Luís/MA dependem de recursos humanos especializados para operacionalizarem as leis que viabilizam a inclusão desses alunos na Educação Superior, conforme verifica-se a seguir.

Ao se sintetizar os entendimentos dos discentes com deficiência sensorial e física em relação à própria deficiência, bem como às necessidades educacionais especiais deles, pode-se afirmar que são os que precisam de recursos materiais e humanos especializados em suas necessidades específicas. Ainda em relação à questão, os referidos discentes, dispensaram os rótulos e sinalizaram as barreiras interpostas pela conjuntura de uma educação excludente.

Os discentes com deficiência sensorial e física, apesar de terem respondido baseados no senso comum, o que entendiam por alunos com deficiência e/ou com necessidades educacionais específicas, suas respostas estão de acordo com as Diretrizes Nacionais para a Educação Especial na Educação Básica, quando enfatizado que os

---
[4] Ibid.

referidos alunos são os que durante o processo educacional apresentam, dentre outras, dificuldades acentuadas de aprendizagem ou limitações no processo de desenvolvimento que dificultam o acompanhamento das atividades curriculares, como aquelas relacionadas a condições, disfunções, limitações ou deficiências.[5]

O fato de a maioria desses alunos encontrarem-se insatisfeitos com as IES/MA, devido à falta de recursos materiais e humanos especializados em suas necessidades educacionais específicas, bem como pelas barreiras arquitetônicas e atitudinais presentes nas referidas instituições, mostra a ponta do *iceberg* dos desafios do acesso e da permanência que eles enfrentaram e ainda enfrentavam nessas instituições, demonstrando, com isso, o descumprimento por parte das referidas instituições para com a Portaria nº 3.284/03, em que dispõe sobre requisitos de acessibilidade de pessoas com deficiência para instruir os processos de autorização e de reconhecimento de cursos e de credenciamentos de instituições.[6]

Ao responderem à questão sobre o conhecimento de seus direitos como discentes com deficiência e/ou com necessidades educacionais específicas, os alunos com deficiência sensorial e física fizeram reflexões de que, por ignorarem tais direitos, não lutaram pela validade desses. O advogado e Coordenador Nacional do Núcleo Brasileiro de Estudos Jurídicos da Pessoa com Necessidades Especiais, à época, Antonio Rulli Neto alerta para esse fato quando ressalta que muitas pessoas com necessidades especiais deixam de exercer seus direitos, previstos em lei, por desconhecê-los, e muitas das pessoas que poderiam colaborar também deixam de fazê-lo.[7]

Em relação à maioria desses alunos terem tentado ingressar nas universidades públicas e não conseguirem, percebe-se que, desde 2001, com a Lei nº 10.172/01, o Plano Nacional de Educação já sinalizava a necessidade da expansão das universidades públicas para atenderem à demanda crescente de alunos, sobretudo os carentes. No referido documento, não consta de forma explícita a preocupação com alunos

---

[5] BRASIL, 2001.
[6] Ib., 2003.
[7] RULLI NETO, 2002.

com deficiência na educação superior, apenas ressalta que as IES assegurem, por meio das diretrizes curriculares, a necessária flexibilidade e diversidade nos programas de estudos oferecidos, de forma a melhor atender às necessidades diferenciais de suas "clientelas".[8]

Sabe-se que a falta de recursos materiais e humanos especializados em discentes com deficiência e/ou com necessidades educacionais específicas, desde a educação infantil até a conclusão da educação básica, tem dificultado e/ou impossibilitado o acesso aos conhecimentos socioculturais produzidos, por parte desses alunos, deixando-os sem condições de competir por uma vaga nas universidades públicas com os demais alunos sem deficiência.

A realidade esplanada é enfatizada pelos discentes com deficiência sensorial e física, ao relatarem suas dificuldades de acesso à educação superior. Sobre o assunto, Rosita Carvalho sinaliza que muito pouco se tem discutido a respeito da remoção das barreiras existentes entre as etapas do fluxo da escolarização, desde a educação infantil até a universidade.[9]

Diante dessa realidade de despreparo dos discentes com deficiência desde a educação básica, devido carência e/ou falta de recursos materiais e humanos às suas necessidades educacionais específicas, faz-se necessário inseri-los em políticas afirmativas que viabilizem o acesso e garantam a permanência, com sucesso na aprendizagem dos referidos discentes nas instituições de educação superior, bem como no mercado de trabalho formal. Não se pretende, com isso, que o Estado adote atitudes paternalistas, mas que faça valer as políticas públicas vigentes que garantem educação de boa qualidade às pessoas consideradas público-alvo da educação especial, em todos os níveis de ensino. Afirmando-se que os referidos alunos não solicitam assistencialismo, mas sim o exercício da cidadania, conforme os princípios correspondentes no Decreto nº 3.298/99, em que as pessoas com deficiência devem receber igualdade de oportunidades na sociedade por reconhecimento dos direitos que lhes são assegurados, sem privilégios ou paternalismos.[10]

---
[8] GOTTI, 2004.
[9] CARVALHO, 2003.
[10] GOTTI, 2004.

É importante ressaltar que os discentes com deficiência participantes nesse estudo tiveram menos dificuldades em ingressar na educação superior, do que estavam tendo em permanecer nas IES. No caso dos discentes com deficiência sensorial, o acesso às referidas instituições foi, de certa forma, viabilizado quando, em certos casos, foram providenciados os recursos solicitados pelos alunos, mas, quanto à permanência desses, os mesmos recursos não foram mais disponibilizados.

A escolha dos cursos por afinidade com a área e/ou vocação, pelos discentes com deficiência sensorial e física, os levou à certeza do exercício de suas futuras profissões. Entretanto, aqueles que escolheram seus cursos levando em consideração as limitações impostas pela deficiência, o fizeram garantir o acesso nas IES, pois a conscientização de que em determinados cursos a própria deficiência, aliada à falta de recursos materiais e humanos especializados, limitariam a atuação profissional deles, correspondeu a fatores positivos para o acesso e a permanência desses alunos nas referidas instituições.

De acordo com a Lei nº 9.394/96, a educação formal deve vincular-se ao mundo do trabalho e à prática social.[11] Neste contexto, torna-se interessante resgatar o pensamento de Iria Brzezinski quando ressalta que a LDB/96 faz um discurso universal, mas garante apenas uma prática particularizada.[12] Se as IES pesquisadas estivessem disponibilizando recursos materiais e humanos especializados em alunos com deficiência e/ou com necessidades educacionais específicas, e, se viabilizassem o acesso ao conhecimento sociocultural produzido, bem como educação de boa qualidade, estariam, certamente, qualificando os referidos discentes para o exercício da cidadania e, consequentemente, para suas inserções no mercado de trabalho formal.

Conforme análise anterior dos dados, o presente estudo permitiu a constatação de que a maioria das IES/MA não se encontrava preparada para viabilizar o acesso, a permanência e o atendimento educacional especializado aos discentes com deficiência visual, auditiva e física, pois, segundo os referidos alunos, não existia mediação adequada por parte

---

[11] BRASIL, 1996b.
[12] BRZEZINSKI, 1997.

da maioria dos professores na relação ensino-aprendizagem; nas IES em que estudavam, não existiam recursos materiais e humanos especializados em suas necessidades educacionais especiais, com exceção para alunos com deficiência física, em algumas IES; existência de várias barreiras arquitetônicas e atitudinais nas referidas instituições; uso de metodologias inacessíveis, dentre outras já descritas anteriormente.

Dentre as 15 IES identificadas em São Luís/MA, à época, apenas seis dessas instituições tinham alunos com deficiência sensorial e física devidamente matriculados. Dentre essas, somente quatro encontravam-se adaptadas arquitetonicamente, de acordo com as exigências da Portaria nº 3.284/03, que dispõe sobre os requisitos de acessibilidade de pessoas com deficiência para instruir processos de autorização e de reconhecimento de cursos e de credenciamento de instituições.[13] Ressalta-se, ainda, que, dentre as quatro IES adaptadas arquitetonicamente, três eram IES privadas e apenas uma era IES pública.

Os dados mencionados convergem com os estudos de Rafaelly Oliveira e outros pesquisadores, em que constataram que algumas IES adotaram medidas de acesso para atender alunos com deficiência, porém a maioria ainda não possuía programas especiais para atender a esse público.[14]

Os relatos dos discentes com deficiência visual, auditiva e física, a respeito de como gostariam que as aulas fossem ministradas, o que poderia estar dificultando o acesso e a permanências deles nas IES e o que poderia ser feito para viabilizar o acesso e a permanência de um maior número de alunos com deficiência na educação superior, acusam uma permanência excludente deles nessas instituições, contrariando a Legislação Federal que viabiliza o acesso, a permanência e o atendimento educacional especializado dos referidos alunos desde a Educação Básica à Educação Superior.

Os resultados convergiram para os dois objetivos temáticos: acesso e permanência correspondentes aos desafios a serem superados para que discentes com deficiência visual, auditiva e física tenham acesso,

---

[13] BRASIL, 2003.
[14] OLIVEIRA et al., 2005.

permanência e atendimento especializado nas Instituições de Educação Superior de São Luís/MA, de acordo com a Legislação Federal vigente.

As dificuldades a serem superadas em relação ao acesso e à permanência nas referidas instituições por parte dos alunos com deficiência sensorial e física são diferentes, devido às especificidades de cada deficiência, conforme se apresentam a seguir:

Para que alunos com deficiência visual consigam ter **acesso** à Educação Superior, é necessário que esses tenham acesso aos conhecimentos socioculturais produzidos desde a Educação Básica. Para tal, tornam-se de suma importância a aquisição e a operacionalização de recursos materiais especializados, como, no mínimo: materiais didáticos em Braille e com fontes ampliadas, além da presença desses recursos no processo seletivo vestibular, pois algumas IES não o ofereciam da forma adequada.

Em relação à falta de recursos materiais nas IES, os referidos alunos com deficiência visual, para terem acesso ao conhecimento acadêmico, solicitaram apenas o mínimo, como mencionado anteriormente, pois, conforme determina a Portaria nº 3.284/03, as IES, devem oferecer muito mais do que esses alunos estavam solicitando.[15] De acordo com a referida Portaria, as IES devem ter compromisso formal de proporcionar, caso seja solicitada por discentes com deficiência visual, desde o acesso até a conclusão do curso, sala de apoio contendo: máquina de datilografia *braille*, impressora *braille* acoplada a computador; sistema de síntese de voz; gravador e fotocopiadora que amplie textos; plano de aquisição gradual de acervo bibliográfico em fitas de áudio; *software* de ampliação de tela; equipamento para ampliação de textos para atendimento a aluno com visão subnormal; lupas; réguas de leitura; *scanner* acoplado ao computador; plano de aquisição gradual de acervo bibliográfico dos conteúdos básicos em *braille*.[16]

Conforme os referidos discentes, as IES só se preocupavam em disponibilizar alguns desses recursos, unicamente para o processo seletivo vestibular. No referido contexto, verificou-se que todas as

---

[15] BRASIL, 2003.
[16] Ibid.

IES, pesquisadas, não se encontravam adaptadas e/ou dispunham dos recursos materiais, enfatizados pela Portaria nº 3.284/03.[17] Eis o porquê do descontentamento geral por parte dos discentes com deficiência visual em relação às referidas IES.

Para que os discentes com deficiência auditiva e/ou surdos consigam ter **acesso** à Educação Superior, é necessário que esses tenham acompanhamento de recursos humanos especializados desde a Educação Básica, especificamente, professores que saibam Libras e intérpretes em Libras em sala de aula, bem como a presença desses profissionais durante o processo seletivo vestibular (lembrando que, nesse contexto, não havia Política de Cotas para discentes com deficiência na educação superior, apenas a Portaria nº 3.284/03).

No contexto anterior, a maioria das IES pesquisadas não estavam operacionalizando o que determina a Portaria nº 3.284/03, em relação ao que deviam disponibilizar, quando necessário que, no caso, correspondia: intérpretes de língua de sinais/língua portuguesa, particularmente na realização de provas ou na sua revisão. No processo de acesso, a IES deve: complementar a avaliação expressa em texto escrito ou quando este não expressar o real conhecimento do aluno; flexibilizar a correção de provas escritas, valorizando o conteúdo semântico, bem como oportunizar materiais de informações aos professores para esclarecimento a respeito da especificidade linguística dos surdos.

Quanto aos discentes com deficiência física, esses relataram como dificuldades de **acesso** à educação superior falta e/ou carência de acesso aos conhecimentos socioculturais produzidos, desde a Educação Básica, devido às barreiras arquitetônicas, como: falta de transporte público adaptado que viabilize a locomoção desses alunos até as instituições de ensino e/ou carência da oferta desse, bem como todas as formas de barreiras arquitetônicas, como no caso: falta de rampas ou rampas fora do padrão oficial; ausência de elevadores em prédios com acesso apenas por escadas; banheiros não adaptados para pessoas em cadeira de rodas e demais deficiências; portas estreitas; batentes em frente às portas; falta de ciclovias. Além dessas dificuldades têm-se

---

[17] Ibid.

outras, como: escolha de salas em andares superiores por parte das IES; localização de laboratórios, auditórios e coordenações, localizados em andares superiores, em prédios sem elevadores e sem rampas, com acesso exclusivamente por escadas; restaurante e biblioteca com difícil acessibilidade pelos referidos alunos. Relembrando que, nesse contexto, já havia a Lei nº 10.098/00 que estabelece normas gerais e critérios básicos para a promoção da acessibilidade das pessoas com deficiência ou com mobilidade reduzida, e que esta vinha sendo descumprida.[18]

Percebe-se que os discentes com deficiência e/ou com necessidades educacionais específicas encontravam dois grandes desafios a serem superados para terem **acesso** à Educação Superior. O primeiro desafio, e o mais importante, trata-se da falta de uma educação de boa qualidade na Educação Básica, que possibilitaria o acesso à Educação Superior. Sobre o referido desafio, os estudos de Rosa Maria Torres a respeito do acesso à Educação Superior por jovens e adultos da Educação Especial mostraram que as dificuldades de acesso ao conhecimento para esses alunos, nos níveis de ensino anteriores, compromete a formação acadêmica desses, em que uma grande parte das dificuldades enfrentadas pelos referidos alunos encontra-se no processo seletivo vestibular, em que é necessário ter adquirido determinadas competências e conhecimentos anteriores, exigidos nos exames de ingresso às IES.[19]

O segundo desafio é o despreparo das próprias IES, tanto pela falta de recursos materiais, pela presença de barreiras arquitetônicas e atitudinais, quanto por falta de recursos humanos especializados para mediarem o processo ensino-aprendizagem com flexibilidade, criatividade e comprometimento com a inclusão desses alunos na Educação Superior. Isto lembra Eduardo Manzini quando diz que as barreiras em ambiente universitário podem estar relacionadas às questões arquitetônicas ou atitudinais.[20]

Os desafios a serem superados em relação à **permanência** desses alunos na Educação Superior de São Luís/MA, também, são diferentes em função da especificidade de cada deficiência.

---

[18] GOTTI, 2004.
[19] TORRES, 2002.
[20] MANZINI, 2005.

Para os discentes com deficiência visual, os maiores obstáculos que dificultavam a **permanência** deles nas IES encontravam-se na falta de recursos materiais, devido a essas instituições não se encontrarem preparadas para o atendimento educacional especializado às referidas pessoas. Faltavam, também, profissionais comprometidos e conhecedores das reais necessidades desses alunos, bem como especializados nelas. A esse respeito, ressalta-se a existência da Portaria nº 3.284/03, que determina que as IES ofereçam, caso sejam solicitados, os referidos recursos, desde o processo seletivo vestibular até a conclusão dos cursos desses alunos.[21]

Para os discentes com deficiência auditiva e/ou surdos, o que mais dificultava a **permanência** deles na Educação Superior era a falta de recursos humanos especializados em suas necessidades educacionais específicas, como professores que soubessem Libras e intérpretes em Libras com nível universitário, capazes não apenas de traduzir o que o professor diz, mas também de entender e explicar o assunto dado em sala de aula, já que os próprios docentes não o faziam. Nesse contexto, percebe-se a não operacionalização da Lei Federal nº 10.436/02 que viabiliza o uso da Língua Brasileira de Sinais (LIBRAS).

Para os discentes com deficiência física, as dificuldades que a maioria desses alunos estava tendo para **permanecer** na educação superior eram as barreiras arquitetônicas, pois ainda existiam IES que não tinham feito adaptações arquitetônicas em benefício do acesso físico dos referidos alunos, diante dos fatos, faz-se importante sinalizar a existência de dispositivos legais que visam viabilizar condições básicas de acesso à Educação Superior, de mobilidade e de utilização de equipamentos e instalações das instituições de ensino, como a Portaria nº 3.284/03 que estabelece requisitos tendo como referência a Norma Brasil 9050, da Associação Brasileira de Normas e Técnicas, que trata da acessibilidade de pessoas com deficiência e edificações, espaço, mobiliário e equipamentos urbanos.[22]

As IES/MA, à época, principalmente as privadas, encontravam-se se adequando fisicamente (algumas já encontravam-se adequadas)

---

[21] BRASIL, 2003.
[22] Ibid.

para a locomoção de alunos com deficiência. Essas tinham elevador, rampas, banheiros adaptados, mas, com relação aos recursos materiais, para alunos com deficiência sensorial, ainda eram precários. Na maioria delas não havia recursos humanos especializados para o atendimento, adequado, aos referidos discentes.

Sobre o assunto abordado, ressalta-se que o Decreto nº 3.298/99 prevê que as Instituições de Educação Superior devem oferecer adaptações de provas e os apoios necessários, previamente solicitados pelos alunos com deficiência, inclusive tempo adicional para realização das provas, conforme as características da deficiência, aplicando-se, também, ao sistema geral do processo seletivo para ingresso em cursos universitários de instituições de educação superior, os referidos alunos.[23]

Observou-se que a maioria das IES não cumpria com as normas gerais e critérios básicos para a promoção da acessibilidade das pessoas com deficiência ou mobilidade reduzida, segundo a Lei nº 10.098/00. Informa-se que, dentre as IES/MA que não encontravam-se adaptadas arquitetonicamente de acordo com as referidas normas, destacam-se uma IES pública e uma IES privada.

Esclarece-se que o importante, nesse caso, não é apontar qual IES estava cumprindo as leis que viabilizam a inclusão desses alunos na educação superior, e qual não estava, mas dar visibilidade ao que dificulta o acesso aos conhecimentos socioculturais produzidos a esses alunos, visando que os obstáculos identificados sejam superados, para que os referidos alunos tenham condições de ingressar e de permanecer nas IES, recebendo atendimento educacional especializado desde o processo seletivo vestibular até a conclusão de seus cursos.

Durante o percurso do referencial teórico realizado nesse estudo, constatou-se que não eram apenas as IES de São Luís/MA que estavam deixando de operacionalizar a Legislação Federal. Há comprovação de que outras IES de outros estados do Brasil, também não estavam operacionalizando as leis que visavam ao acesso, à permanência e ao atendimento educacional especializado de discentes com deficiência e/ou com necessidades educacionais específicas, na Educação Superior.

---
[23] GOTTI, 2004.

Importante registrar que, em 2007, a Universidade Federal do Maranhão (UFMA), conjuntamente com as Unidades Acadêmicas, com o Núcleo de Estudos Afro-brasileiros e com movimentos sociais locais, discutiu e aprovou pela Comissão Permanente de Vestibular (Copeve), um Programa de Ação Afirmativa de Cotas para a Inclusão à Educação Superior de alunos negros, indígenas, deficientes e os procedentes de escolas públicas, a partir do Processo Seletivo Vestibular do ano de 2007 (Resolução nº 501 – Consepe, de 31 de outubro de 2006).[24]

Em 2008, Ferreira e Renato apresentam um Mapa das Ações Afirmativas adotadas por instituições de educação superior brasileiras, fruto de pesquisas desenvolvidas pelo Laboratório de Políticas Públicas, da Universidade Estadual do Rio de janeiro (UERJ), com identificação de 19 IES que encontravam-se adotando a reserva de vagas às pessoas com deficiência, em seus concursos de vestibular.

De acordo com os estudos de Antonia Oliveira, no ano de 2008, apenas sete Estados, por meio de suas IES, tinham adotado o sistema de cotas para o acesso de pessoas com deficiência na educação superior, esses eram: Rio de Janeiro, Minas Gerais, São Paulo, Goiás, Maranhão, Sergipe e Rio Grande do Sul, demonstrando, com isso, segundo a autora, que as referidas pessoas encontravam-se, em maioria, à margem do acesso à educação superior, devido às cotas serem oferecidas para um quantitativo muito pequeno de pessoas com deficiência.[25]

Os estudos de Oliveira demonstram, também, que, na Universidade Estadual de Montes Claros (Unimontes), a maioria dos coordenadores de cursos não sabia como proceder para incluir os discentes com deficiência que ingressaram por meio do sistema de reserva de cotas.

Em 17 de dezembro de 2009, segundo a Resolução nº 121 do Conselho Universitário (Consun), é aprovada pela Universidade Federal Do Maranhão a criação do Núcleo Pró-Acessibilidade e Permanência de Pessoas com Deficiência à Educação, com a finalidade de

---

[24] UNIVERSIDADE FEDERAL DO MARANHÃO. Conselho de Ensino, Pesquisa e Extensão. **Resolução nº 501**, de 31 de outubro de 2006. Estabelece o número de vagas ofertadas por curso de graduação nos Processos Seletivos Vestibular 2007 e Gradual (Subprograma 2004-2006). São Luís, 2006.
[25] OLIVEIRA, A. S. S. e. **Alunos com deficiência no ensino superior: subsídios para a política de inclusão da UNIMONTES**. 2011. 174 f. Tese (Doutorado em Educação Especial) - Universidade Federal de São Carlos, São Carlos, 2011.

garantir o ingresso na educação superior e o acesso ao conhecimento acadêmico às pessoas com deficiência na universidade, por meio de suporte técnico e atendimento especializado.[26]

Sobre a reserva de vagas às pessoas com deficiência no processo de seleção do acesso à educação superior, faz-se importante pontuar que, de acordo com o Estatuto da Pessoa com deficiência, as IES, públicas e privadas, vinculadas ao Ministério da Educação, têm que reservar no concurso seletivo para ingresso em seus cursos e, por turno, no mínimo cinco por cento (5%) de suas vagas aos discentes com deficiência, bem como, durante o processo seletivo, garantir: adaptação de provas às necessidades da pessoa com deficiência; tecnologia assistiva adequada, previamente solicitada pelo candidato com deficiência; avaliação diferenciada nas provas escritas, discursivas ou de redação realizadas por candidatos em que a deficiência acarrete não utilização e/ou impedimentos no uso da gramática da língua portuguesa.[27]

Os estudos de Josenilde Pereira e Thelma Chahini registram, de acordo com dados obtidos em abril de 2016 pelo Sistema Integrado de Gestão de Atividades Acadêmicas (Sigaa) da UFMA, existem 212 matrículas ativas pelo Sistema de Seleção Unificada (Sisu) — DEFICIENTE na universidade, dessas: 102 possuem deficiência física; 36 auditiva; 57 visual e três intelectual, as demais (14) estão distribuídas em outras categorias e/ou necessidades específicas. Existe ainda o registro de 123 matrículas canceladas, 26 matrículas trancadas, 15 concluídos e três formandos.[28]

Nesse contexto, Hernestina Mendes e Carmen Bastos argumentam que as IES vêm realizando importantes ações que visam à garantia do acesso de pessoas com deficiência à educação superior, por meio do sistema de cotas, em que são disponibilizadas, às referidas pessoas, bancas especializadas durante o exame vestibular, bem como

---

[26] UNIVERSIDADE FEDERAL DO MARANHÃO. **Resolução nº 121**, de 17 de dezembro de 2001. Aprova a criação do Núcleo Pró Acessibilidade e Permanência de Pessoas com Deficiência à Educação. Disponível em: <http://www.ufma.br/portalUFMA/arquivo/boZYWHm4X6XtB9a.pdf>. Acesso em: 10 set. 2015.

[27] BRASIL. Estatuto da pessoa com deficiência. Brasília, DF, 2013. Disponível em: http://www.pessoacomdeficiencia.gov.br/app/sites/default/files/arquivos/%5Bfield_generico_imagens-filefield-description%5D_93.pdf. Acesso em: 4 maio 2016.

[28] PEREIRA, J. O.; CHAHINI, T. H. C. **O processo de inclusão de discentes com deficiência na educação superior: um estudo a partir do Núcleo de Acessibilidade da UFMA**. 2016. Trabalho a ser apresentado ao 23º Encontro de Pesquisa Educacional do Nordeste (EPEN), Teresina, 20 a 23 de setembro de 2016.

enfatizam que as políticas educacionais adotadas no país defendem, além do direito ao acesso à educação superior, educação de qualidade às referidas pessoas. Sobre essa questão, sabe-se que o que não vem ocorrendo é a operacionalização, eficaz, das referidas políticas.[29]

Ainda segundo Hernestina Mendes e Carmen Bastos, desde 2005 vêm ocorrendo avanços significativos em relação à acessibilidade nas instituições de educação superior, mas se faz necessário averiguar se a aprendizagem das pessoas com deficiência e/ou com necessidades educacionais específicas vêm ocorrendo de forma satisfatória. "[...] é preciso investigar se a aprendizagem tem sido satisfatória, para que esses sujeitos possam sair das IES com ferramentas essenciais para a inclusão social e no mundo do trabalho". Afirmam, ainda, que "os professores não se acham preparados para atender estudantes com deficiência. Os cursos universitários não estão atentos a isso, e a maioria das matrizes curriculares não oferta disciplinas ligadas à educação especial".[30]

Diante dos fatos, relembra-se que

> [...] o direito à educação é inalienável e universal, sendo também considerado um direito que viabiliza a realização de outros direitos, pois ele prepara as pessoas com deficiência para o trabalho e para a obtenção de renda que lhes garantam viver com independência e dignidade.[31]

Nesse sentido, enfatiza-se que o papel da Educação Superior do século XXI, dentre outros, é de contribuir com o desenvolvimento do potencial cognitivo crítico e reflexivo dos seres humanos, para que esses, além de possuírem condições de inserção no mercado de trabalho formal, sejam capazes de utilizar o trabalho em benefício de uma sociedade inclusiva.

---

[29] MENDES, H. da S. F.; BASTOS, C. C. B. C. A inclusão de pessoas com deficiência na educação superior: acesso, permanência e aprendizagem. ANPED SUL – Reunião Científica da Anped, 10., Florianópolis. **Anais...** Florianópolis: Faed/Udesc, 2014. Disponível em: <http://xanpedsul.faed.udesc.br/arq_pdf/1012-0.pdf>. Acesso em: 27 jan. 2016.
[30] MENDES; BASTOS, 2014, p. 4.
[31] BRASIL, 2012, p. 15.

CAPÍTULO 5

OS DESAFIOS DA EDUCAÇÃO SUPERIOR EM RELAÇÃO À QUALIFICAÇÃO PROFISSIONAL DE PESSOAS COM DEFICIÊNCIA

Objetiva-se neste capítulo destacar o papel da educação superior na qualificação profissional de pessoas com deficiência, bem como ressaltar o direito dessas pessoas quanto ao acesso, à permanência e ao atendimento educacional especializado em relação ao processo ensino-aprendizagem nas IES.

Sobre a preparação para o trabalho das pessoas com deficiência, a perspectiva em relação à educação profissional dessas, na maioria das vezes, priorizava as habilidades manuais em detrimento das habilidades intelectuais, isto é, subestimavam-se seus potenciais cognitivos, deixando-as subaproveitadas e, consequentemente, sem condições de competirem em igualdade de oportunidades no mercado de trabalho competitivo.

Nesse contexto, Peter Mittler enfatiza que "é a sociedade e as suas instituições que criam barreiras à participação das pessoas com necessidades educacionais especiais. A exclusão que acontece nas escolas e a terminologia exclusionária obsoleta são os primeiros exemplos disso".[1]

Diante do assunto abordado, Rosa Maria Torres ressalta que o Brasil é um País com carência de profissionais bem qualificados, e quando se dificulta ou impede-se o acesso de pessoas com deficiência a uma educação de boa qualidade, acaba-se remetendo essas pessoas ao subemprego ou ao seguro social.[2]

Concorda-se com Lucídio Bianchetti quando ressalta que as relações entre o sistema formal de ensino e o sistema ocupacional vêm se caracterizando por antagonismo, especialmente devido às divergências

---

[1] MITTLER, 2003, p. 17.
[2] TORRES, 2002.

entre os seus agentes, em que o maior prejudicado continua sendo o aluno-futuro-trabalhador.[3]

Assim, educação e trabalho são realidades concretas que perpassam toda a vida das pessoas, propiciando sua interação no processo de transformação da sociedade, ao qual devem ter acesso todos os membros desta, tanto os "sem" quanto os "com" deficiência e/ou com necessidades educacionais específicas.

É de conhecimento que, nas últimas décadas, o mercado de trabalho passou por uma verdadeira revolução. A globalização, a competitividade, a valorização de novas carreiras e áreas de atuação acabam por exigir de todos os trabalhadores, sejam eles recém-formados ou com anos de experiência, estratégias para vencerem os desafios da vida profissional. Isso tudo faz lembrar o pensamento de Demerval Saviani, quando diz que

> A contradição entre o homem e o trabalho contrapõe o homem, enquanto indivíduo genérico, ao trabalhador. O trabalho, fonte criadora da existência humana, elemento de humanização da natureza que liberta a humanidade do jugo natural, se constitui, na sociedade burguesa, em elemento de degradação e escravização do trabalhador.[4]

Portanto, a globalização é um fato, não pode ser negada e tampouco permite recuos. O avanço das tecnologias, principalmente na informática, na genética, na bioquímica, na eletrônica e na comunicação são conquistas de grande relevância ao planeta. No entanto, é preciso refletir para qual mundo estão sendo educadas as pessoas com deficiência? Quais são suas reais chances no mercado de trabalho formal?

Sobre o referido assunto, Gilberto Dupas argumenta que uma das contradições que alimenta o capitalismo contemporâneo, é a dialética inclusão *versus* exclusão.[5] O que se observa no mundo é uma exclusão social, de tal modo que seria inimaginável há algumas décadas. Isso porque a busca de competitividade e o aumento de produtividade

---

[3] BIANCHETTI, L. **Da chave de fenda ao laptop**: tecnologia digital e novas qualificações: desafios à educação. Petrópolis: Vozes, 2001.
[4] SAVIANI, 1997, p. 192.
[5] DUPAS, G. **Economia global e exclusão social**: pobreza, emprego, estado e o futuro do capitalismo. São Paulo: Paz e Terra, 1999.

deixaram de ser meios para a globalização para se tornar fins em si mesmas. A esse respeito, vale lembrar o que diz Maria de Lourdes Guhur sobre o assunto em questão:

> [...] a discussão sobre a inclusão deve ser feita na sua interface com a exclusão social – na sua contraditoriedade, e não negação – num movimento que compreende, para além de análises centradas em aspectos sociológicos, pedagógicos, sociais, legais e outros, a articulação destes com outras múltiplas dimensões: a econômica, a política, a social, a individual, a relacional, a subjetiva, etc., não se entendendo nenhuma delas, sozinha, como a determinação principal.[6]

Em relação à relevância da educação formal à qualificação profissional das pessoas com deficiência, Francisco Imbernón ressalta que o conhecimento é a grande produção de nosso tempo e que a educação se transformou em um requisito indispensável para se viver em sociedade.[7] Entretanto, o critério que se impõe maciçamente é o das titulações acadêmicas, de modo que a passagem pelo sistema educativo e o nível de titulação alcançado é a medida mais universalmente utilizada para valorizar as pessoas no momento de sua incorporação ao mercado de trabalho, para determinar o tipo de emprego em que podem inserir-se. A posse de títulos acadêmicos é, de forma crescente, uma condição necessária, embora não suficiente, para o emprego, especialmente para os empregos relativamente bem remunerados.

No mundo globalizado, convive-se com muitos desafios a serem vencidos, entre esses, encontram-se a desigualdade social, a desvalorização das pessoas e/ou das relações humanas, carência de educação de boa qualidade, o desemprego etc., nesse contexto, cita-se Vanilda Paiva, ao sinalizar que diante das transformações nas estruturas produtivas e das mudanças tecnológicas, a educação tem novos problemas a solucionar.[8]

No ano de 2002, Maurício Oliveira informava a existência de 10,2 milhões de brasileiros com deficiência que se encontravam prejudicados

---

[6] GUHUR, M. L. P. Dialética inclusão-exclusão. **Revista Brasileira de Educação Especial**, Marília, v. 9, n. 1, p. 39-56, jan./jun. 2003, p. 52.
[7] IMBERNÓN, 2000.
[8] PAIVA, V. Produção e qualificação para o trabalho: uma revisão da bibliografia internacional. In: DIAS, F. C. (Org.). **Ensino das humanidades**: a modernidade em questão. São Paulo: Cortez; Brasília: SENEB, 1991, p. 19-103.

na busca por emprego. Desses, 1 milhão exerciam atividades remuneradas e só 200.000 possuíam carteira assinada e, apesar de as pessoas com deficiência possuírem capacidade para render como os demais empregados, ou até mais, em muitos casos, são menos remuneradas do que as pessoas sem deficiência.[9]

Sobre o fato explanado, Gilberto Dupas pontua que "a dificuldade de obter um emprego formal (e até informal) para os mais jovens reforça um novo senso individualista nas relações de trabalho e nas relações sociais em geral".[10] Nesse cenário, as perspectivas que se abrem para muitos e, principalmente, para as pessoas com deficiência e/ou com necessidades educacionais específicas são preocupantes, devido à falta de qualificação com competência exigida pelas empresas.

Nesse sentido, Lucídio Bianchetti ressalta o descompasso da educação formal em relação ao mundo do trabalho, mostrando a necessidade dos educadores em trabalharem na qualificação de seus alunos, para que esses consigam ingressar e manter-se no chamado mercado de trabalho.[11] Assim, a ação educativa e as aprendizagens devem ser organizadas de forma a proporcionarem aos educandos oportunidades de êxito. O êxito obtido é a origem da autoestima, e as probabilidades de êxito se ampliam quando são ensinadas novas estratégias e motivações para situações de maiores dificuldades.

Faz-se importante registrar que o saber produzido pela humanidade não é de direito nem de posse, apenas, de algumas pessoas ou grupos sociais, mas de direito e de posse de todos. É este saber que a Educação Superior, como instituição social, tem responsabilidade de transmitir, possibilitando a todos a sua apropriação.

Sobre o referido contexto, Rosita Carvalho esclarece que o processo ensino-aprendizagem deve ser adaptado às necessidades dos discentes e não esses se adaptarem ao que se pensa preconceituosamente a respeito de suas aprendizagens.[12] Nesse aspecto, deve-se

---

[9] OLIVEIRA, M. Os eficientes. **Veja**, São Paulo, ano 35, n. 23, 12 jun. 2002.
[10] DUPAS, 1999, p. 55.
[11] BIANCHETTI, 2001.
[12] CARVALHO, 2000.

repensar os procedimentos didático-metodológicos excludentes utilizados na Educação Superior com os alunos com deficiência e/ou com necessidades educacionais específicas.

Nesse sentido, o professor deve transformar conteúdos fixos e formais em conteúdos concretos, significativos e dinâmicos e optar por uma metodologia adequada às reais necessidades individuais de cada aluno com deficiência, que facilite o acesso aos conhecimentos socioculturais produzidos, à curiosidade, ao questionamento, à reflexão, à criação e à crítica desse aluno, auxiliando-o a responder aos problemas que a prática social lhe coloca.

Pode-se afirmar que há uma grande distância entre a teoria e a prática presente nas salas de aulas e o desejável para essas, pois há uma dissonância entre o que o discente com deficiência e/ou com necessidades educacionais específicas aprende, e como aprende, e o que as instituições de ensino ensinam e como ensinam.

A considerável população de pessoas com necessidades educacionais específicas e/ou com deficiência exige dos diversos setores da sociedade, medidas que elevem sua qualidade de vida e que permitam o exercício pleno do seu direito-cidadão.

Diante dessa realidade, a Organização Internacional do Trabalho (OIT) esclarece que as pessoas com deficiência são capazes de realizar trabalho produtivo e devem ter o direito ao emprego como quaisquer outros trabalhadores. E, para a concretização desta norma, Moaci Carneiro destaca três pressupostos imperativos:

> Não buscar atividades laborais especiais, dando a equivocada impressão de que a pessoa com deficiência é um trabalhador de perfil residual, fato que termina por lhe reservar tarefas de natureza elementar, quando, não, subempregos;
>
> Construir linhas de formação, que não estejam centradas na monotecnia, pois a produção atual exige uma formação não para postos de trabalho, mas, sim, para áreas de atividades, onde este novo enfoque assegura a flexibilidade para que o profissional se adapte às constantes mudanças do processo produtivo;
>
> Formar para o mundo do trabalho e, não para o mercado de trabalho, onde formar para o mundo do trabalho significa capacitar

a pessoa com deficiência a pôr-se de forma cooperativa e útil na comunidade em que vive e convive.[13]

Relevante destacar que o fato de participar da constituição desse patrimônio comum confere aos homens a condição de cidadão e as instituições de ensino formal, especificamente, a Educação Superior, compete à operacionalização do acesso aos conhecimentos socioculturais, produzidos, bem como o exercício da cidadania real a todas as pessoas. Nesse processo, Marcos Mazzotta enfatiza que "vale a pena lembrar que dentre os mais importantes elementos da organização da educação (comum ou especial) destaca-se como fundamental o professor".[14]

Sobre às questões que envolvem as desigualdades sociais e/ou falta de oportunidades de acesso aos referidos conhecimentos por parte dos alunos com deficiência e/ou com necessidades educacionais específicas, Moaci Carneiro ressalta que:

> Em nosso País, há uma enorme distância entre igualdade de oportunidades e igualdade social. Esta, a gênese da multidão de excluídos da sociedade brasileira. Portanto, é no bojo da discussão contemporânea em torno de cidadania e inclusão que se deve ressituar a problemática do trabalho da pessoa com deficiência.[15]

Por isso, a sociedade e todas as suas instituições de ensino devem flexibilizar mais suas atitudes, bem como sensibilizar o olhar, não tentando adaptar as pessoas com deficiência e/ou necessidades educacionais específicas a métodos de ensino inadequados às suas aprendizagens. A esse respeito, Kenn Jupp pontua que:

> Na maioria das vezes, o verdadeiro fator incapacitante para muitas pessoas não são suas dificuldades de aprendizagem e sim a percepção que os outros têm delas. O problema é que nos condicionamos a ver primeiro a deficiência e depois a capacidade. Muitas vezes prendemo-nos em rótulos médicos antes de realmente conhecer as pessoas em si, e de alguma forma presumimos de

---

[13] CARNEIRO, M. A. **LDB fácil**: leitura crítico-compreensiva: artigo a artigo. Petrópolis: Vozes, 1998, p. 144.
[14] MAZZOTTA, 2001, p. 89.
[15] CARNEIRO, 1998, p. 143.

antemão que sabemos o que é melhor para elas, sem nunca considerar os seus próprios desejos e suas próprias escolhas.[16]

Como já mencionado, a economia globalizada, o neoliberalismo e a sociedade da informação contribuem para que um dos maiores problemas do século XXI seja o desemprego. Assim sendo, indaga-se: o que está reservado às pessoas com deficiência e/ou com necessidades educacionais específicas? O que esperar e prospectar para todos os excluídos da educação de boa qualidade e, consequentemente, a quase impossibilidade de ocupar um lugar no mercado de trabalho formal? Como levá-los a crer que têm que lutar, talvez, muito mais que os sem deficiência? Com o que de fato podem sonhar e realizar seus sonhos?

A respeito do que foi pontuado anteriormente, o cientista político Sérgio Abranches afirma: "ou criamos hoje as oportunidades para que as crianças e os jovens tenham educação e emprego nos diferentes momentos de sua vida ou vamos perder muitos deles para o desregramento anômico, para a violência e para a mediocridade".[17]

Para muitos discentes com deficiência e/ou com necessidades educacionais específicas que permanecem no sistema educacional e alcançam a Educação Superior, a realidade não é das melhores, pois, estigmatizados como deficientes intelectuais e/ou com dificuldades, problemas e distúrbios de aprendizagem, permanecem excluídos de uma educação de boa qualidade, e, consequentemente, da inserção no mercado de trabalho formal.

Em relação às necessidades educacionais específicas dos discentes, César Coll informa que as ações da educação especial surgem quando os recursos pedagógicos habituais do sistema de ensino regular não são suficientes para dar uma resposta adequada às referidas necessidades dos discentes, com ou sem deficiência.[18] O atendimento educacional especializado se faz necessário dentro das Instituições de educação superior, visando dar apoio aos discentes com deficiência para que possam prosseguir na educação superior, bem como adquirirem qualificação educacional e profissional de boa qualidade.

---
[16] JUPP, 1998, p. 15.
[17] ABRANCHES, 2004, p. 77.
[18] COLL, C. **Psicologia e currículo**. São Paulo: Ática, 1998.

Dentro do sistema educacional, sabe-se que cada discente tem sua própria história de vida, sua própria história de aprendizagem (conjunto de saberes já construídos e aprendidos), características pessoais em seu modo de aprender. Sabe-se, também, que não há aprendizagem se não houver um ensino eficiente. Para a excelência de ensinos produtivo e eficiente, é necessário considerar as características e as peculiaridades de cada aluno, a fim de que se possam direcionar as respostas educacionais do sistema a cada um e a todos os alunos, sem exclusão ou segregação.

Assim, as adequações curriculares são possíveis respostas educativas que devem ser dadas pelo sistema educacional, de forma a alcançar a todos os alunos e, dentre estes, os que apresentam necessidades educacionais específicas. Sobre o referido assunto, César Coll faz a seguinte afirmação:

> Um bom Projeto Curricular não é o que oferece soluções prontas, fechadas e definitivas aos professores, mas aquele que lhes proporciona elementos úteis para que possam elaborar em cada caso as soluções mais adequadas, em função das circunstâncias particulares nas quais exercem sua atividade profissional.[19]

Vera Maria Candau, se referindo às barreiras no processo de construção de uma sociedade democrática e igualitária, enfatiza que, no processo crescente de exclusão, os mais prejudicados são os "outros", os "diferentes", os que pertencem a etnias historicamente subjugadas e silenciadas.[20]

Nesse contexto, muitas pessoas com deficiência ainda encontram-se percorrendo um longo caminho para usufruírem seus direitos sociais, educacionais e profissionais. Apesar dos avanços da Legislação Federal em relação à inclusão das pessoas com deficiênciia e/ou com necessidades educacionais específicas, poucas pessoas consideradas, público-alvo da educação especial encontram-se inseridas na educação superior, em relação às pessoas sem as referidas necessidades.

A escolaridade precária é uma das causas das desigualdades sociais. Flavia Xavier, Danielle Fernandes e Maria Carolina Tomás

---
[19] COLLI, 1998, p. 188.
[20] CANDAU, V. M. (Org.). **Reiventar a escola**. Petrópolis: Vozes, 2000.

enfatizam que "a educação formal é um fator altamente associado à determinação dos rendimentos no mercado de trabalho, definindo o acesso dos indivíduos a bens pecuniários ou não". Ainda de acordo com as autoras "[...] frente ao desemprego novos desafios estão postos para a crença na qualificação como saída para o desenvolvimento econômico e para a inserção no mercado de trabalho".[21]

Entretanto, Lucídio Bianchetti ressalta o descompasso das instituições de ensino em relação ao mundo do trabalho, mostrando a necessidade dos educadores em trabalharem na qualificação de seus alunos, para que estes consigam ingressar e manter-se no chamado mercado de trabalho.[22]

Sabe-se que o processo de ensino envolve o processo de aprendizagem. De acordo com Marcos Masetto, a docência universitária enfatiza bastante o processo de ensino, deixando a desejar o processo de aprendizagem, explorando os conteúdos de forma descontextualizada, sem incentivar a pesquisa científica, assim como a inter e a transdisciplinaridade com as demais áreas de conhecimento, dentre essas, as que são necessárias à inserção de pessoas com deficiência no mercado de trabalho formal.[23]

Marcos Macetto cita que "a metodologia em sua quase totalidade está centrada em transmissão ou comunicação oral de temas ou assuntos acabados por parte dos professores (aulas expositivas), ou leitura de livros e artigos e sua repetição em classe".[24]

Ainda segundo Marcos Masetto, deve-se ter o cuidado durante o processo ensino-aprendizagem para não permitir que os conhecimentos socializados e/ou mediados venham reforçar uma aprendizagem apenas de cultura "acadêmica", sem contextualização e problematização para a vida, bem como para o mundo do trabalho.[25]

---

[21] XAVIER, F. P.; FERNANDES, D. C.; TOMÁS, M. C. Fatores econômicos e estrutura social: a escolaridade como fator explicativo para o diferencial dos salários no Brasil. In: NEVES, J. A.; FERNANDES, D. C.; HELAL, D. H. (Orgs.). **Educação, trabalho e desigualdade social**. Belo Horizonte: Argumentum, 2009. v. 60-95. p. 68.
[22] BIANCHETTI, 2001.
[23] MASETTO, M. T. **Competência pedagógica do professor universitário**. São Paulo: Summus, 2003.
[24] Ibid., p. 36.
[25] Ibid.

Quanto ao direito das pessoas com deficiência à inserção no mercado de trabalho formal, o Decreto nº 3.298, de 20 de dezembro de 1999, seção IV – Do Acesso ao Trabalho, Art. 36, determina que a empresa com 100 ou mais empregados está obrigada a preencher de 2 a 5% de seus cargos com beneficiários da Previdência Social reabilitado ou com pessoas com deficiência habilitada[26], na seguinte proporção:

> I - até duzentos empregados, dois por cento;
> II - de duzentos e um a quinhentos empregados, três por cento;
> III - de quinhentos e um a mil empregados, quatro por cento;
> IV – ou mais de mil empregados, cinco por cento.[27]

Ainda de acordo com o referido Decreto, no Art. 37, fica assegurado à pessoa com deficiência o direito de se inscrever em concurso público em igualdade de condições com os demais candidatos para provimento de cargo, cujas atribuições sejam compatíveis com a deficiência. Ressaltando que o candidato com deficiência, em razão da necessária igualdade de condições, concorrerá a todas as vagas, sendo reservado no mínimo o percentual de 5% em face da classificação obtida.[28]

No contexto histórico abordado, Thelma Chahini questiona o porquê da não existência de cotas na educação superior, se esta já existia para a inserção de pessoas com deficiência no mercado de trabalho formal e em concursos públicos.[29] Percebe-se aqui a não perspectiva ao acesso de muitas pessoas com deficiência na educação superior e, consequentemente, no mercado de trabalho formal.

Sabe-se que o mercado de trabalho, na sociedade do conhecimento, exige de seus profissionais bem mais do que a operacionalização de conhecimentos teóricos adquiridos na Educação Superior, exige competências de liderança, criticidade, criatividade, capacidade de resolução de problemas, capacidade de trabalhar em equipe, habilidade de comunicação, de relacionamentos com os colegas e demais profissionais da empresa, bem como com os clientes e/ou consumidores etc.

---
[26] GOTTI, 2004.
[27] Ibid., p. 261.
[28] GOTTI, 2004.
[29] CHAHINI, 2006.

Os docentes universitários devem se conscientizar que o exercício de sua profissão requer, além da aquisição de títulos e/ou conhecimentos enciclopédicos, competência pedagógica, capacidade de diálogo com várias áreas de conhecimentos e de pesquisas científicas. Para mediarem o processo ensino-aprendizagem de maneira a formar profissionais altamente qualificados.

> [...] profissionais intercambiáveis que combinem imaginação e ação; com capacidade para buscar novas informações, saber trabalhar co elas, intercomunicar-se nacional e internacionalmente por meios dos recursos mais modernos da informática; com capacidade para produzir conhecimentos e tecnologia próprios que os coloquem, ao menos em alguns setores, numa posição de não dependência em relação a outros países; preparados para desempenhar sua profissão de forma contextualizada e em equipe com profissionais não só de sua área, mas também de outras.[30]

Diante do exposto, se faz importante citar Marcos Masetto quando reflete sobre o processo ensino-aprendizagem no âmbito universitário.[31]

> Há necessidade de a universidade sair de si mesma, arejar-se com o ar da sociedade em mudança e das necessidades da sociedade e então voltar para discutir com seus especialistas as mudanças curriculares exigidas e compatíveis com seus princípios educacionais.[32]

De acordo com Antônio de Menezes Neto, "a certificação via diploma, tão requisitada pelas empresas, passa a ser sinônimo de 'direito de nascença' instituto político que 'garante' status e poder social ao detentor".[33]

Nesse contexto, Flavia Xavier, Danielle Fernandes e Maria Carolina Tomás esclarecem que a educação formal é um fator determinante nas questões das desigualdades sociais e está altamente associada na determinação dos rendimentos no mercado de trabalho. Visto que, no atual contexto socioeconômico, as empresas exigem trabalhadores com novas competências, pois "[...] os maiores salários são

---

[30] MASETTO, 2003, p. 14-15.
[31] Ibid.
[32] Ibid., p. 15.
[33] MENEZES NETO, A. J. de et al. **Trabalho, política e formação humana**. São Paulo: Xamã, 2009, p. 74.

pagos àqueles trabalhadores com maior produtividade e, por tanto, que possuem também maior nível de escolaridade".[34]

De acordo com Eliza Tanaka e Eduardo Manzini "ainda falta qualificação profissional e preparo social para que a pessoa com deficiência possa ocupar um cargo cujo perfil seja compatível com as suas habilidades e com as reais necessidades da empresa".[35]

Devido à globalização mundial, mudanças ocorreram em relação ao papel da educação, em que esta passou a ser vinculada à preparação para o mercado de trabalho competitivo. Apesar de muito empenho em inserir pessoas com deficiência no referido mercado, muitas dessas pessoas ainda se encontram excluídas do direito de exercer uma função laboral.

De acordo com o Instituto Nacional de Estudos e Pesquisas Educacionais Anísio Teixeira, a cada ano que passa aumenta o número de estudantes com deficiência e/ou com necessidades educacionais específicas nas Instituições de Educação Superior, mas esse quantitativo ainda é pouco em relação ao percentual de pessoas com deficiência que se encontram fora das Universidades.[36]

Devido aos fatos apresentados, também existe um percentual baixo de pessoas com deficiência egressas da educação superior e inseridas, adequadamente, no mercado de trabalho formal.

Romeu Sassaki ressalta que muitas pessoas com deficiência vêm tendo dificuldades em se inserir no mercado de trabalho devido, dentre outros, falta de educação e/ou de formação qualificada para este. Sendo que a escolarização e/ou formação profissional adquirida nas instituições de ensino encontram-se com seus currículos desarticulados das reais necessidades do mundo do trabalho.[37]

Apesar de as pessoas com deficiência possuírem os mesmos direitos que as pessoas sem deficiência, as primeiras nem sempre vêm conseguindo recebê-los nas mesmas condições em que o fazem as pessoas sem

---

[34] XAVIER; FERNANDES; TOMÁS, 2009, p. 70.
[35] TANAKA, E. D. O.; MANZINI, E. J. O que os empregadores pensam sobre o trabalho da pessoa com deficiência? **Revista Brasileira de Educação Especial**, Marília, v. 11, n. 2. p. 273-294, maio/ago. 2005, p. 292.
[36] INSTITUTO NACIONAL DE ESTUDOS E PESQUISAS EDUCACIONAIS ANÍSIO TEIXEIRA. **Resumo técnico**: censo da educação superior 2013. Brasília, DF, 2015. Disponível em: <http://download.inep.gov.br/download/superior/censo/2013/resumo_tecnico_censo_educacao_superior_2013.pdf>. Acesso em: 21 mar. 2015.
[37] SASSAKI, 1998.

deficiência, e isso vem ocorrendo devido às desvantagens impostas pela restrição de funcionalidades e pela sociedade, que lhes impõe barreiras físicas, legais e de atitude. Essas barreiras são responsáveis pelo distanciamento que existe na concretização dos direitos das pessoas com e sem deficiência. "O objetivo do governo é eliminar essa lacuna e equiparar as condições das pessoas com deficiência, pelo menos, ao mesmo nível das pessoas sem deficiência na realização de seus direitos".[38]

As pessoas com deficiência têm que romper muitas barreiras atitudinais e de acessibilidade para conseguirem se qualificar educacional e profissionalmente, bem como ingressar e permanecer no mundo do trabalho competitivo; apenas os conhecimentos adquiridos nas instituições de educação superior não estão sendo suficientes para o ingresso no mercado de trabalho formal.

Diante do exposto, as Instituições de Educação Superior devem adequar seus currículos ao século XXI, que corresponde ao mundo do trabalho competitivo, bem como qualificar toda sua equipe técnico-pedagógica para oferecer condições eficazes de inclusão às pessoas com deficiência. Garantindo a elas acesso a conhecimentos teórico-práticos, necessários à existência funcional em um mundo global e, em sua maioria, capitalista, portanto, como já enfatizado anteriormente, as referidas instituições devem contribuir para que todas as pessoas consigam se apropriar de conhecimentos que as qualifiquem como cidadãs do e para o mundo.

---

[38] BRASIL, 2012, p. 14.

CONSIDERAÇÕES FINAIS

Esclarece-se que, neste espaço, contextualiza-se um período de inserção de pessoas com deficiência na Educação Superior, anterior à Política de Cotas para discentes com deficiência, instigando o leitor a refletir o que mudou de 2003 para 2016 em relação ao processo de inclusão educacional e profissional de pessoas com deficiência e/ou com necessidades educacionais específicas.

No contexto de 2003 a 2005, não era muito expressivo o número de pessoas com deficiência sensorial e física nas Instituições de Educação Superior em São Luís/MA, assim como na maioria das IES no país, mas, pode-se afirmar que um dos motivos pelos quais os referidos alunos não estavam conseguindo ter acesso e permanência na Educação Superior, certamente não ocorria por falta de Leis que favorecessem essa inclusão – aliás, nesse aspecto, a Educação Especial encontrava-se, e ainda se encontra, muito bem assessorada – mas sim pela não operacionalização da Legislação, à época.

Na verdade, o que faltava, e ainda falta, para viabilizar acesso, permanência (com êxito de aprendizagem) e prosseguimento nos estudos de um maior número de discentes, considerados público-alvo da educação especial, na educação superior, além de condições que assegurem a esses educação de boa qualidade, são profissionais especializados para operacionalizarem as leis que visam à inclusão, bem como políticas públicas eficazes que façam valer nos regimentos das instituições de educação superior, atendimento educacional especializado desses alunos, desde o processo seletivo vestibular até a conclusão de seus cursos.

As universidades de São Luís/MA ainda encontram-se carentes de profissionais especializados para trabalhar com a diversidade. Várias das dificuldades enfrentadas pelos discentes com deficiência visual, auditiva e física, dentro das referidas instituições, e relatadas pelos alunos, poderiam ter sido evitadas caso houvesse, nesses locais, profissionais especializados no público-alvo da educação especial.

A partir do momento em que a Política Educacional priorizar o ser humano ao invés do sistema, é que se poderá pensar em uma universidade não apenas voltada para a qualidade do ensino, mas na qual tanto os docentes quanto os demais funcionários dessas sejam bem preparados à operacionalização de uma educação de boa qualidade, que atenda, de fato, às necessidades educacionais específicas de cada educando, quer ele seja, ou não, pessoa com deficiência.

Pode-se afirmar que já passou da hora de as instituições de educação superior investirem mais na área da educação especial na perspectiva da inclusão, e deixar de negligenciar na formação dos profissionais que delas fazem parte, viabilizando a construção de práticas inclusivas e efetivas que beneficiem o processo ensino-aprendizagem das pessoas com deficiência e/ou com necessidades educacionais específicas. É urgente e de fundamental importância que essas instituições operacionalizem os avanços científicos, que visam promover atendimento de melhor qualidade ao público-alvo da Educação especial.

Deve-se ter em mente que a educação superior inclusiva precisa estar fincada na ideia e no princípio de que toda pessoa tem direito à educação, e que a possibilidade de atingir e manter um nível adequado de aprendizagem envolve aplicação de sistemas, programas, planejamentos, estudos e práticas educacionais, que levem em conta a diversidade de características e restrições de cada aluno, nos seus diferentes ritmos de aprendizagem e em suas necessidades educacionais específicas.

Percebe-se que a inclusão dos discentes, público-alvo da educação especial, nas instituições de educação superior, não deve acontecer somente por meio de atos legais, mas deve acontecer principalmente nas ações e nas inter-relações que se comprometam com a transformação da sociedade extremamente excludente em includente.

Nesse sentido, ressalta-se que mudanças políticas, educacionais, econômicas e sociais são necessárias na implementação desse princípio. Em termos governamentais, isso implica na reformulação de políticas financeiras e educacionais e na implementação de projetos que promovam a inclusão das referidas pessoas desde a educação infantil à educação superior, bem como em todo o processo de suas qualificações profissionais.

Nos anos de 2003 a 2005 já se acreditava na possibilidade de cotas para discentes com deficiência sensorial e física nas IES, como justiça ao exercício da cidadania, bem como para que os referidos discentes conseguissem competir em condições de igualdade no processo seletivo vestibular, pois a maioria desses vinham de escolas onde a permanência, excludente, não favorecia, adequadamente, acesso aos conhecimentos socioculturais produzidos.[1]

Seria ingênuo pensar que basta apenas a criação de medidas que viabilizem o acesso de alunos com deficiência e/ou com necessidades educacionais específicas nas instituições de educação superior, muito mais do que isso, é necessário que as barreiras que dificultam e/ou impossibilitam a permanência com êxito na aprendizagem desses alunos na Educação Superior sejam removidas, principalmente as barreiras atitudinais. O grande diferencial a ser conquistado está na oferta do atendimento educacional especializado a todos os discentes, considerados público-alvo da educação especial, e é esse atendimento que vai garantir suas permanências com êxito de aprendizagem, nas referidas instituições.

É importante deixar registrado que não são apenas os discentes com deficiência que se encontram excluídos do acesso à educação superior, mas também os alunos de camadas socioculturais desfavorecidas, os que pertencem às minorias étnicas, dentre outros, estão sendo, também, excluídos do acesso e da permanência nas IES; quando são "incluídos", se sentem excluídos na permanência em decorrência da carência de recursos materiais e humanos especializados em suas necessidades educacionais específicas.

Em relação aos discentes com deficiência visual, as IES não se encontravam preparadas para garantir, adequadamente, a permanência, com êxito na aprendizagem, aos referidos alunos. Nesse contexto, cabe às referidas instituições buscarem adquirir tecnologias assistivas para garantirem o acesso aos conhecimentos acadêmicos para os alunos cegos, tais como: impressora em *braille*, instrumento referencial que permite aos alunos um melhor acesso ao material didático e às obras literárias trabalhadas em sala de aula; máquinas

---
[1] CHAHINI, 2006.

de datilografia *braille*; computadores com sistema sonoro Dosvox, lupa eletrônica manual, gravadores, *notebooks*, impressora Braille, *scanner* e lupa eletrônica de mesa, bem como contratarem profissionais especialistas em audiodescrição. Aos alunos com visão reduzida, as IES devem propiciar digitalização, ampliação e impressão (tanto em Braille quanto em tinta) de material pedagógico, utilizar estratégias que viabilizem aproveitamento de todo o conteúdo trabalhado, e, sobretudo que busquem sensibilizar professores e colegas para ajudarem nesse processo, bem como selecionar voluntários para lerem e para gravarem os assuntos abordados em sala de aula.

Faz-se necessário que essas instituições tenham uma equipe interdisciplinar trabalhando em benefício da aprendizagem desses alunos, dentre os quais profissionais que saibam braille, para poderem digitar textos, provas e/ou informações existentes nos quadros de aviso.

Sugere-se, também, que as referidas instituições disponibilizem acesso facilitado aos alunos com deficiência visual, pois eles precisam se locomover com segurança por espaços sinalizados e protegidos de possíveis acidentes, bem como destacar em alto relevo, em *braille* e/ou com fontes ampliadas a localização de banheiros, bibliotecas, auditórios, secretaria, lanchonete, etc.

É muito importante que as IES incluam, nesse processo, a adequação de suas estruturas físicas para alunos com deficiência e/ou necessidades educacionais específicas, que promovam palestras, cursos e oficinas visando oferecer conhecimento adequado sobre as reais necessidades educacionais dos discentes, público-alvo da educação especial, no qual possam incluir a todos: tanto os discentes quanto os docentes desses alunos, nas referidas instituições.

Em relação ao acesso e à permanência dos discentes com deficiência auditiva e/ou com surdez as IES/MA também não se encontravam preparadas, pois ainda careciam (e ainda carecem) de profissionais especializados nas necessidades educacionais específicas desses alunos. Quanto a esta questão, há fragilidade nos programas de formação de docentes, que se encontram na maior parte das vezes sem saber o que e como fazer para mediarem o acesso dos conhecimentos socioculturais produzidos aos discentes com características diferenciadas de aprendizagem.

Dentre os três tipos de deficiência pesquisadas, os discentes que tiveram maiores dificuldades de acesso à educação superior e os que estavam encontrando maiores dificuldades em permanecer nas referidas instituições eram os com deficiência auditiva e/ou com surdez justamente pela falta de profissionais especializados em suas necessidades educacionais específicas desde a educação básica, permanecendo durante a educação superior. Este fato ainda é recorrente em muitas IES brasileiras.

Quanto ao acesso e à permanência dos alunos com deficiência física, a maioria fez questão de esclarecer que a referida deficiência não limitava o potencial para a aprendizagem, mas as barreiras arquitetônicas os impediam de ter acesso a lugares onde podiam adquirir os conhecimentos acadêmicos.

Além das barreiras arquitetônicas existentes em algumas das IES pesquisadas, os discentes se deparavam com barreiras atitudinais por parte de alguns professores e por alguns profissionais das IES que, por descaso, ou falta de conhecimento adequado sobre as reais necessidades educacionais específicas dos discentes, dificultaram o processo ensino-aprendizagem desses nas referidas instituições.

No contexto de 2003 a 2005, não se constatou nenhuma política, quer oficial, quer de apoio, em relação ao atendimento educacional especializado de alunos com deficiência e/ou com necessidade educacional específica sendo operacionalizadas nas IES pesquisadas, bem como na maioria das IES no país.

Constatou-se que a maioria dos referidos discentes não foi identificada como alunos com deficiência e/ou com necessidades educacionais específicas, ficando esses desprovidos de um olhar e à mercê de atendimento educacional especializado nas IES pesquisadas. O desconhecimento de seus direitos como discentes com necessidades educacionais específicas, garantido pela Legislação Federal, dificultou o acesso desses à Educação Superior, já que muitos não solicitaram os recursos que poderiam e deveriam ter lhes sido disponibilizados, conforme o Decreto nº 3.298/99.

As instituições de educação superior devem, desde o processo seletivo vestibular, procurar identificar quem são os discentes que estão tentando ingressar na Educação Superior, quais são suas necessidades específicas declaradas e quais cursos pretendem realizar. Ao providenciarem os recursos para o exame vestibular, devem disponibilizar profissionais especializados para garantirem o acesso e a permanência desses nas IES. Sabe-se que, no contexto atual, muitas dessas instituições já adotam esses procedimentos.

A operacionalização de uma política institucional que vise apoiar e acompanhar os discentes, público-alvo da educação especial, desde o processo seletivo vestibular, e durante toda a permanência deles, com prosseguimento dos estudos, nas IES, é de suma importância para que a inclusão desses alunos realmente aconteça na Educação Superior.

As IES devem oportunizar espaços de escuta aos discentes com necessidades educacionais específicas, para que esses possam se sentir, efetivamente, atuantes no processo ensino-aprendizagem, e possam mostrar outros caminhos para garantir a permanência, com êxito na aprendizagem, na educação superior, bem como outras possibilidades e opções de inclusão, e juntos (discentes e docentes das IES) possam descobrir soluções inteligentes voltadas para o acesso, à permanência e ao atendimento educacional especializado, que garantam uma qualificação educacional e profissional de boa qualidade, com condições de inserção dessas pessoas no mundo do trabalho competitivo.

Os desafios a serem superados para que discentes com deficiência sensorial e física consigam ingressar, receber atendimento educacional especializado, aprender e avançar nos estudos, nas IES, correspondem à operacionalização da legislação federal que viabiliza a inclusão desses alunos na educação superior, bem como a eliminação e/ou a minimização das barreiras atitudinais.

Verificou-se a contradição dos discursos proclamados nas Leis, que viabilizam a inclusão de discentes com deficiência e/ou com necessidades educacionais específicas na educação superior, e a prática, ainda, excludente, da maioria dessas instituições.

Diante do contexto, posto e imposto pela cultura do preconceito e pelo próprio desconhecimento da sociedade sobre o potencial humano das pessoas com deficiência, se faz urgente um repensar teórico-prático que promova mudanças de atitudes em relação à inserção dessas pessoas em um processo eficaz de qualificação educacional e profissional, que garanta condições de execução laboral digna, bem como o direito ao exercício da cidadania.

O sonho de ver as instituições de educação superior preparadas para o acesso, à permanência com êxito na aprendizagem e ao atendimento educacional especializado de discentes com deficiência e/ou com necessidades educacionais específicas continua vivo como uma chama acesa. Entende-se que a Política Nacional de Educação Especial na Perspectiva da Educação Inclusiva, contribui para o alcance desse intento, porém, este só alcançará seu real valor quando se transformar em ideal de todas as pessoas envolvidas com a comunidade acadêmica.

Acredita-se no potencial humano das pessoas com deficiência e/ou com necessidades educacionais específicas de se adaptarem a qualquer meio, desde que se efetive a equalização de oportunidades.

Sabe-se que o papel da educação superior vai além de formar, unicamente, para a empregabilidade, e que a luta do trabalhador deve ser para além das questões salariais e/ou de postos de trabalho. O papel da educação contemporânea é de contribuir com o desenvolvimento do potencial cognitivo crítico e reflexivo dos seres humanos, para que esses, além de possuírem condições de inserção no mundo do trabalho, sejam capazes de utilizar o trabalho em benefício de uma sociedade inclusiva.

Espera-se que as informações contidas neste livro venham proporcionar esclarecimentos e reflexões a respeito da inclusão de pessoas com deficiência e/ou com necessidades educacionais específicas nas instituições de educação superior, e que essas instituições viabilizem, de fato e de direito, esse acesso à educação superior e garantam, além da permanência, condições de aprendizagem e prosseguimento nos estudos, bem como êxito na qualificação educacional e profissional, a essas pessoas, visto que, dentre as competências pedagógicas que os professores do ensino superior devem possuir, segundo a Declaração Mundial sobre Educação Superior no século XXI, estão as de formar pessoas altamente qualificadas e reforçar os vínculos entre a educação superior e o mundo do trabalho, assim como para os demais setores da sociedade.[2]

Acredita-se, também, que o processo de inclusão social, educacional e profissional de pessoas com deficiência, em um futuro próximo, encontre-se em transição à sua real efetivação, em que não seja mais preciso ficar enfatizando os direitos de cidadãos dessas pessoas, visto que esses direitos já estarão sendo respeitados e operacionalizados, conscientemente, por todos.

Para concluir, convida-se a refletir com Mário Cortella quando enfatiza que ao pensar que **você não vai mudar o mundo** "é profundamente acomodante, porque você não vai mudar o mundo se continuar achando que ele não pode ser mudado. Mas quando você se junta com outros que acham que dá para mudar, dá-se um passo adiante no intento de mudá-lo".[3]

---

[2] ORGANIZAÇÃO DAS NAÇÕES UNIDAS PARA A EDUCAÇÃO, A CIÊNCIA E A CULTURA. **Declaração Mundial sobre Educação Superior no Século XXI**: visão e ação. Paris, 1998. Disponível em: <http://www.direitoshumanos.usp.br/index.php/Direito-a-Educa%C3%A7%C3%A3o/declaracao-mundial-sobre-educacao-superior-no-seculo-xxi-visao-e-acao.html>. Acesso em: 10 jan. 2015.

[3] CORTELLA, M. S. **Educação, convivência e ética**: audácia e esperança! São Paulo: Cortez, 2015, p. 40.

REFERÊNCIAS

ABRANCHES, S. O debate errado. **Veja**, São Paulo, ed. 1866, p. 75-77, 11 ago. 2004.

ALENCAR, E. M. L. S. de (Org.). **Tendências e desafios da educação especial**. Brasília, DF: SEESP, 1994. p. 35-49.

BARBOSA, M. L. de O. **Desigualdade e desempenho**: uma introdução à sociologia da escola brasileira. Belo Horizonte, MG: Fino Traço, 2011.

BAUTISTA, R. (Coord.). **Necessidades educativas especiais**. Lisboa: Dinalivro, 1997.

BIANCHETTI, L. **Da chave de fenda ao laptop**: tecnologia digital e novas qualificações: desafios à educação. Petrópolis: Vozes, 2001.

BIANCHETTI, L.; FREIRE, I. (Orgs.). **Um olhar sobre a diferença**: interação, trabalho e cidadania. Campinas: Papirus, 1998.

BLATTES, R. L. (Org.). **Direito à educação**: subsídios para a gestão dos sistemas educacionais: orientações gerais e marcos legais. 2. ed. Brasília, DF: MEC/SEESP, 2006.

BOBBIO, N. **A era dos direitos**. Rio de Janeiro: Campus, 1992.

BRASIL. Constituição (1988). **Constituição da República Federativa do Brasil**. Brasília, DF: Senado, 1988.

_____. **Decreto nº 3.952**, de 4 de outubro de 2001. Dispõe sobre o Conselho Nacional de Combate à Discriminação - CNCD. Brasília, DF, 2001b. Disponível em: <http://www.planalto.gov.br/ccivil_03/decreto/2001/D3952.htm>. Acesso em: 10 mar. 2015.

_____. **Decreto nº 5.296**, de 2 de dezembro de 2004. Regulamenta as Leis nºs 10.048, de 8 de novembro de 2000, que dá prioridade de atendimento às pessoas que especifica, e 10.098, de 19 de dezembro de 2000, que estabelece normas gerais e critérios básicos para a promoção da acessibilidade das pessoas portadoras de deficiência ou com mobilidade reduzida, e dá outras providências. Brasília, DF, 2004b. Disponível em: <http://www.planalto.gov.br/ccivil_03/_ato2004-2006/2004/decreto/d5296.htm>. Acesso em: 20 jan. 2014.

_____. **Decreto nº 7.611**, de 17 de novembro de 2011. Dispõe sobre o Atendimento Educacional Especializado, prevendo estruturação de Núcleos de acessibilidade nas Instituições Federais de Educação Superior. Brasília, DF, 2011a. Disponível em: <http://www.planalto.gov.br/ccivil_03/_ato2011-2014/2011/decreto/d7611.htm>. Acesso em: 10 nov. 2014.

_____. **Decreto nº 7.612**, de 17 de novembro de 2011. Dispõe sobre o Atendimento Educacional Especializado, prevendo estruturação de Núcleos de acessibilidade nas Instituições Federais de Educação Superior. Brasília, DF, 2011b. Disponível em: <http://www.planalto.gov.br/ccivil_03/_Ato2011-2014/2011/Decreto/D7612.htm>. Acesso em: 10 nov. 2014.

BRASIL. **Lei nº 13.146**, de 6 de julho de 2015. Institui a Lei Brasileira de Inclusão da Pessoa com Deficiência (Estatuto da Pessoa com Deficiência). Disponível em: <http://www.planalto.gov.br/ccivil_03/_Ato2015-2018/2015/Lei/L13146.htm>. Acesso em: 15 fev. 2015.

_____. **Lei nº 9.394,** de 20 de dezembro de 1996. Estabelece a Lei de Diretrizes e Bases para a Educação Nacional. Brasília, DF, 1996b. Disponível em: <http://www.planalto.gov.br/ccivil_03/leis/L9394.htm>. Acesso em: 10 abr. 2014.

_____. Ministério da Educação e do Desporto. Secretaria de Educação Especial. **Subsídios para organização e funcionamento de serviços de educação especial:** área de deficiência múltipla. Brasília, DF, 1995.

_____. Ministério da Educação. **Adaptações curriculares em ação:** Declaração de Salamanca: recomendações para a construção de uma escola inclusiva. Secretaria de Educação Especial. Brasília, DF, 2002b.

_____. Ministério da Educação. **Aviso Circular nº 277,** de 8 de maio de 1996. Dirigido aos Reitores das IES, solicitando a execução adequada de uma política educacional dirigida aos portadores de necessidades especiais, Brasília, DF, 1996a. Disponível em: <http://portal.mec.gov.br/seesp/arquivos/pdf/aviso277.pdf>. Acesso em: 10 mar. 2014.

_____. Ministério da Educação. **Portaria nº 1.793,** de dezembro de 1994. Recomenda a inclusão da disciplina ou inclusão de conteúdos sobre aspectos ético-político-educacionais da normalização e integração da pessoa portadora de necessidades especiais em cursos de graduação. Brasília, DF, 1994b. Disponível em: <http://portal.mec.gov.br/seesp/arquivos/pdf/port1793.pdf>. Acesso em: 10 set. 2012.

_____. Ministério da Educação. Publicações Diversas. **O desafio de educar o Brasil.** Brasília, DF, 2004a. Disponível em: <http://www.mec.gov.br/acs/menu.shtm>. Acesso em: 10 set. 2005.

_____. Ministério da Educação. Secretaria de Educação Especial. **Política Nacional de Educação Especial:** livro 1. Brasília, DF, 1994a.

_____. Ministério da Educação. Secretaria de Educação Especial. **Adaptações curriculares em ação:** a bidirecionalidade do processo de ensino e aprendizagem. Brasília, DF, 2002a.

_____. Ministério da Educação. Secretaria de Educação Especial. **Diretrizes nacionais para a educação especial na educação básica.** Brasília, DF, 2001a.

_____. Ministério da Educação. Secretaria de Educação Especial. **Projeto Escola Viva:** garantindo o acesso e permanência de todos os alunos na escola: alunos com necessidades educacionais especiais. Brasília, DF, 2000.

BRASIL. Ministério da Educação. Secretaria de Educação Especial. **Política Nacional de Educação Especial na Perspectiva da Educação Inclusiva.** Documento elaborado pelo Grupo de Trabalho nomeado pela Portaria Ministerial nº 555, de 5 de junho de 2008, prorrogada pela Portaria nº 948, de 09 de outubro de 2008. Brasília, DF, 2008. Disponível em: <http://portal.mec.gov.br/seesp/arquivos/pdf/politica.pdf>. Acesso em: 8 out. 2014.

_____. **Estatuto da pessoa com deficiência.** Brasília, DF, 2013. Disponível em: <http://www.pessoacomdeficiencia.gov.br/app/sites/default/files/arquivos/%5Bfield_generico_imagens-filefield-description%5D_93.pdf>. Acesso em: 4 maio 2016.

_____. Ministério da Educação. Secretaria de Educação Especial. **Programa Incluir:** acessibilidade à educação superior. Brasília, DF, 2013. Disponível em: <http://portal.mec.gov.br/index.php?option=com_docman&view=download&alias=13292-doc-ori-progincl&category_slug=junho-2013-pdf&Itemid=30192>. Acesso em: 19 nov. 2014.

_____. Ministério da Educação. Secretaria de Educação Fundamental. Secretaria de Educação Especial. **Parâmetros Curriculares Nacionais**: adaptações curriculares: estratégias para a educação de alunos com necessidades educacionais especiais. Brasília, DF, 1999.

_____. Ministério da Educação. **Portaria nº 3.284**, de 7 de novembro de 2003. Dispõe sobre requisitos de acessibilidade de pessoas portadoras de deficiências, para instruir os processos de autorização e de reconhecimento de cursos, e de credenciamento de instituições. Disponível em: <http://portal.mec.gov.br/seesp/arquivos/pdf/port3284.pdf>. Acesso em: 10 jan. 2014.

_____. Secretaria de Direitos Humanos da Presidência da República. Secretaria Nacional de Promoção dos Direitos da Pessoa com Deficiência. Coordenação-Geral do Sistema de Informações sobre a Pessoa com Deficiência. **Cartilha do Censo 2010**: pessoas com deficiência. Brasília, DF, 2012.

BREGANTINI, E. C.; FAGALLI, E. (Org.). **Múltiplas faces do aprender**: novos paradigmas da pós-modernidade. São Paulo: Unidas, 2001.

BRZEZINSKI, I. (Org.). **LDB interpretada**: diversos olhares se entrecruzam. São Paulo: Cortez, 1997.

BUENO, J. G. S. A educação do deficiente auditivo no Brasil: situações atual e perspectivas. In: ALENCAR, E. M. L. S. de (Org.). **Tendências e desafios da educação especial**. Brasília, DF: SEESP, 1994. p. 35-49.

_____. **A educação especial nas universidades brasileiras**. Brasília, DF: Ministério da Educação Especial, 2002.

_____. **Educação especial brasileira**: integração/segregação do aluno diferente. São Paulo: EDUC, 1993.

CABRAL, R.; PIVA, S. R. **Educação especial de subdotados**. Porto Alegre: Sulina, 1975.

CANDAU, V. M. (Org.). **Reinventar a escola**. Petrópolis: Vozes, 2000.

CARDOSO, M. S. Aspectos históricos da educação especial: da exclusão à inclusão: uma longa caminhada. In: MOSQUERA, J. J. M.; STOBÄUS, C. D. (Orgs.). **Educação especial**: em direção à educação inclusiva. Porto Alegre: EDIPUCRS, 2003.

CARNEIRO, M. A. **LDB fácil**: leitura crítico-compreensiva: artigo a artigo. Petrópolis: Vozes, 1998.

CARVALHO, R. E. **A nova LDB e a educação especial**. Rio de Janeiro: WVA, 2000.

_____. **Educação inclusiva**: com os pingos nos "is" . Porto Alegre: Mediação, 2004.

_____. **Removendo barreiras para a aprendizagem**: educação inclusiva. Porto Alegre: Mediação, 2003.

_____. **Uma promessa de futuro**: aprendizagem para todos e por toda a vida. Porto Alegre: Mediação, 2002.

CASTRO, C. M. Quando a sociedade quer... **Veja**, São Paulo, 21 dez. 2005.

_____. O Ministério acertou? **Veja**, São Paulo, ed. 1867, 18 ago. 2004.

CASTRO, S. F. **Ingresso e permanência de alunos com deficiência em universidades públicas brasileiras**. 2011. 245 f. Tese (Doutorado) – Programa de Pós-Graduação em Educação Especial da Universidade Federal de São Carlos, UFSCar, São Carlos, 2011.

CHAHINI, T. H. C. **Atitudes sociais e opiniões de professores e alunos da Universidade Federal do Maranhão em relação à inclusão de alunos com deficiência na educação superior**. 2010. 131 f. Tese (Doutorado) – Programa de Pós-Graduação em Educação da Faculdade de Filosofia e Ciências daUniversidade Estadual Paulista, , UNESP, Marília, 2010.

_____. **Inclusão de alunos com deficiência na educação superior**: atitudes sociais e opiniões de professores e alunos da Universidade Federal do Maranhão – UFMA. Curitiba: Instituto Memória, 2013.

_____. **Os desafios do acesso e da permanência de pessoas com necessidades educacionais especiais nas Instituições de Ensino Superior de São Luís – MA**. 2006. 201 f. Dissertação (Mestrado) – Programa de Pós-Graduação em Educação da Universidade Federal do Maranhão, UFMA, São Luís, 2006.

COLL, C. **Psicologia e currículo**. São Paulo: Ática, 1998.

CORTELLA, M. S. **Educação, convivência e ética**: audácia e esperança! São Paulo: Cortez, 2015.

DEMO, P. **A nova LDB**: ranços e avanços. Campinas: Papirus, 1997.

DUARTE, E. Inclusão e acessibilidade: contribuições da educação física adaptada. **Revista da Sociedade Brasileira da Atividade Motora Adaptada**, Rio Claro, v. 10, n. 1, p. 27-30, dez. 2005. Suplemento.

DUPAS, G. **Economia global e exclusão social**: pobreza, emprego, estado e o futuro do capitalismo. São Paulo: Paz e Terra, 1999.

DUSSEL, H. Prefácio. In: OLIVEIRA, I. A. **Saberes, imaginários e representações na educação especial**: a problemática ética da "diferença" e da exclusão social. Petrópolis: Vozes, 2004.

DUTRA, C. Apresentação. In: GOTTI, M. de O. (Org.). **Direito a educação**: subsídios para a gestão dos sistemas educacionais: orientações gerais e marcos legais. Brasília, DF: MEC/SEESP, 2004.

FALCÃO, F. D. C. et al. Educação inclusiva na UERJ: o ingresso de alunos com necessidades educacionais especiais no ensino superior: uma prática em construção. In: II CONGRESSO BRASILEIRO DE EDUCAÇÃO ESPECIAL. II ENCONTRO DA ASSOCIAÇÃO BRASILEIRA DE PESQUISADORES EM EDUCAÇÃO ESPECIAL. 2005. São Carlos. **Anais**... São Carlos: UFSCar/ PPGEEs; ABPEE, 2005.

FERREIRA, J. R.; NUNES, L.A educação especial na nova LDB. In: ALVES, N.; VILLARDI, R. (Orgs.). **Múltiplas leituras da nova LDB**: Lei de Diretrizes e Bases da Educação Nacional (Lei n. 9.394/96). Rio de Janeiro: Qualitymark/Dunya, 1997. p. 17-24.

FERREIRA, R.; BORBA, A. **Mapa das ações afirmativas no ensino superior**. Rio de Janeiro: LPP, 2008.

FONSECA, V. **Educação especial**: programa de estimulação precoce: uma introdução às idéias de Feurstein. 2. ed. Porto Alegre: Artmed, 1995.

FREIRE, M. **A paixão de conhecer o mundo**: relato de uma professora. Rio de Janeiro: Paz e Terra, 1983.

FREIRE, V. F. **O papel do Núcleo de Atividades de Altas Habilidades/Superdotação "Joaosinho Trinta"** – NAAH/S em São Luís/MA. 2014. Monografia (Graduação) - Universidade Federal do Maranhão, São Luís, 2014.

GIL, M. (Org.). **Deficiência visual**. Brasília: Ministério da Educação/Secretaria de Educação à Distância, 2000.

GLAT, R. **Questões atuais em educação especial**. Rio de Janeiro: Sette Letras, 1998. v. 1.

_____. **A integração social dosportadores de deficiências**: uma reflexão. Rio de Janeiro: Sette Letras, 1995.

GOLDFARB, C. L. **Pessoas portadoras de deficiência e a relação de emprego**: o sistema de cotas no Brasil. Curitiba: Juruá, 2009.

GOMES, J. B. B. **O debate constitucional sobre ações afirmativas**. Rio de Janeiro, 2005. Disponível em: <http://www.mundojurídico.adv.br/siartigosar>. Acesso em: 9 set. 2015.

GOTTI, M. de O. (Org.). **Direito a educação**: subsídios para a gestão dos sistemas educacionais: orientações gerais e marcos legais. Brasília, DF: MEC/SEESP, 2004.

GUHUR, M. L. P. Dialética inclusão-exclusão. **Revista Brasileira de Educação Especial**, Marília, v. 9, n. 1, p. 39-56, jan./jun. 2003.

HERRERO, M. J. P. **Educação de alunos com necessidades especiais**. Bauru: EDUSC, 2000.

HOFFMAN, J. Prefácio. In: CARVALHO, R. E. **Educação inclusiva**: com os pingos nos "is". Porto Alegre: Mediação, 2004. p. 10.

IMBERNÓN, F. **A educação no século XXI**: os desafios do futuro imediato. 2. ed. Porto Alegre: Artmed, 2000.

INSTITUTO BRASILEIRO DE GEOGRAFIA E ESTATÍSTICA. **Censo Demográfico**: características da população e dos domicílios: resultados da amostra: Tabela 2.1.3: população residente por tipo de deficiência segundo as Regiões Metropolitanas e os Municípios – Maranhão. Rio de Janeiro, 2000.

_____. **Resumo técnico**: censo da educação superior 2013. Brasília, DF, 2015. Disponível em: <http://download.inep.gov.br/download/superior/censo/2013/resumo_tecnico_censo_educacao_superior_2013.pdf>. Acesso em: 21 mar. 2015.

_____. **Resultados finais do Censo Escolar de 2004**. Disponível em: <htt://www.inep.gov.br/basica/censo escolar/resultados.htm>. Acesso em: 5 dez. 2005.

INSTITUTO NACIONAL DE ESTUDOS E PESQUISAS EDUCACIONAIS. **Censo da educação superior**: 2003: resumo técnico: tabelas anexo: tab. 33. 2005. Disponível em: <http://portal.inep.gov.br/web/censo-da-educacao-superior/resumos-tecnicos>. Acesso em: 16 ago. 2005.

JANNUZZI, G. Por uma Lei de Diretrizes e Bases que propicie a educação escolar aos intitulados deficientes mentais. **Caderno CEDES**, São Paulo, n. 23, p. 17-22, 1989. Edição Especial.

JUPP, K. **Viver plenamente**: convivendo com as dificuldades de aprendizagem. São Paulo: Papirus, 1998.

KASSAR, M. C. M. **Deficiência múltipla e educação no Brasil**: discurso e silêncio na história de sujeitos. Campinas: Autores Associados, 1999.

MANICA, L. E.; CALIMAN, G. **A educação profissional para pessoas com deficiência**: um novo jeito de ser docente. Brasília: Lisber Livro, 2015.

MANNONI, M. **A criança atrasada e a mãe**. Lisboa: Moraes, 1977.

MANTOAN, M. T. E. **A integração de pessoas com deficiência**: contribuições para uma reflexão sobre o tema. São Paulo: Memnon; SENAC, 1997.

MANTOAN, M. T. E. **Quem tiver que conte outra!** Caminhos pedagógicos da inclusão: como estamos implementando a educação (de qualidade) para todos nas escolas brasileiras. São Paulo: Memnon, 2001.

MANZINI, E. J. et al. Acessibilidade em ambiente universitário: identificação e quantificação de barreiras arquitetônicas. In: MARQUEZINE, M. C. et al. (Org.). **Educação física, atividades motoras e lúdicas e acessibilidade de pessoas com necessidades especiais**. Londrina: Eduel, 2003. p. 185-192. (Coleção Perspectivas Multidisciplinares em Educação Especial, 9).

MANZINI, E. J. Inclusão e acessibilidade. **Revista da Sociedade Brasileira da Atividade Motora Adaptada**, Rio Claro, v. 10, n. 1, dez. 2005. Suplemento.

MARANHÃO. Gerência de Estado de Desenvolvimento Humano. **Diretrizes e Programas da Política Educacional (2003-2006)**. São Luís, 2002.

_____. Secretaria de Educação. Superintendência de Ensino. Centro de Educação Especial. **A educação especial no Estado do Maranhão**. São Luís, 1991.

MARCHESI, A. Los paradigmas de la educação te a la diversidade humana. In: CONGRESSO IBERO-AMERICANO DE EDUCAÇÃO ESPECIAL, 3., 1998, Foz do Iguaçu. **Diversidade na educação**: desafio para o Novo Milênio. Foz do Iguaçu, 1998.

MASETTO, M. T. **Competência pedagógica do professor universitário**. São Paulo: Summus, 2003.

MAZZOTTA, M. J. S. **Educação especial no Brasil**: história e política pública. 3. ed. São Paulo: Cortez, 2001.

MENDES, H. da S. F.; BASTOS, C. C. B. C. A inclusão de pessoas com deficiência na educação superior: acesso, permanência e aprendizagem. ANPED SUL – Reunião Científica da Anped, 10., Florianópolis. **Anais...** Florianópolis: Faed/Udesc, 2014. Disponível em: <http://xanpedsul.faed.udesc.br/arq_pdf/1012-0.pdf>. Acesso em: 27 jan. 2016.

MENEZES NETO, A. J. de et al. **Trabalho, política e formação humana**. São Paulo: Xamã, 2009.

MITTLER, P. **Educação inclusiva**: contextos sociais. Porto Alegre: Artmed, 2003.

MOREIRA, L. C. In(ex)clusão na universidade: o aluno com necessidades educacionais especiais em questão. **Revista Educação Especial**, Santa Maria, n. 25, p. 1-6, 2005.

OLIVEIRA, A. S. S. e. **Alunos com deficiência no ensino superior**: subsídios para a política de inclusão da UNIMONTES. 2011. 174 f. Tese (Doutorado em Educação Especial) - Universidade Federal de São Carlos, São Carlos, 2011.

OLIVEIRA, E. T. G. de; MANZINI, E. J. Acessibilidade na Universidade Estadual de Londrina: o ponto de vista do estudante com deficiência. In: CONGRESSO BRASILEIRO DE EDUCAÇÃO ESPECIAL, 2. ENCONTRO DA ASSOCIAÇÃO BRASILEIRA DE PESQUISADORES EM EDUCAÇÃO ESPECIAL, 2., 2005, São Carlos. **Anais...** São Carlos: UFSCar/PPGEEs; ABPEE, 2005.

OLIVEIRA, I. A. **Saberes, imaginários e representações na educação especial**: a problemática ética da "diferença" e da exclusão social. Petrópolis: Vozes, 2004.

OLIVEIRA, M. Os eficientes. **Veja**, São Paulo, ano 35, n. 23, 12 jun. 2002.

OLIVEIRA, R. P. et al. Acessibilidade no ensino superior: uma universidade livre de barreiras. In: CONGRESSO BRASILEIRO DE EDUCAÇÃO ESPECIAL, 2. ENCONTRO DA ASSOCIAÇÃO BRASILEIRA DE PESQUISADORES EM EDUCAÇÃO ESPECIAL, 2., 2005, São Carlos. **Anais...** São Carlos: UFSCar/PPGEEs; ABPEE, 2005.

OLIVEIRA, Z.; DAVIS, C. **Psicologia na educação**. São Paulo: Cortez, 1994.

OMOTE, S. **Estereótipos a respeito de pessoas deficientes**. São Paulo: Didática, 1990.

ORGANIZAÇÃO DAS NAÇÕES UNIDAS PARA A EDUCAÇÃO, A CIÊNCIA E A CULTURA. **Declaraçãode Salamanca e linhas de ação sobre necessidades educativas especiais**. Brasília, DF: CORDE, 1994.

_____. **Declaração Universal dos Direitos Humanos**. Disponível em: <http://www.ohchr.org/EN/UDHR/Documents/UDHR_Translations/por.pdf >. Acesso em: 28 mai. 2004.

_____. **Declaração Mundial sobre Educação Superior no Século XXI**: visão e ação. Paris, 1998. Disponível em: <http://www.direitoshumanos.usp.br/index.php/Direito-a-Educa%C3%A7%C3%A3o/declaracao-mundial-sobre-educacao-superior-no-seculo-xxi-visao-e-acao.html>. Acesso em: 10 jan. 2015.

PAIVA, V. Produção e qualificação para o trabalho: uma revisão da bibliografia internacional. In: DIAS, F. C. (Org.). **Ensino das humanidades**: a modernidade em questão. São Paulo: Cortez; Brasília: SENEB, 1991, p. 19-103.

PEREIRA, J. O.; CHAHINI, T. H. C. **O processo de inclusão de discentes com deficiência na educação superior**: um estudo a partir do Núcleo de Acessibilidade da UFMA. 2016. Trabalho a ser apresentado ao 23º Encontro de Pesquisa Educacional do Nordeste (EPEN), Teresina, 20 a 23 de setembro de 2016.

RAMOS, P. R. B. (Org.). **Os direitos fundamentais das pessoas portadoras de deficiência**. São Luís: Promotoria do Idoso e Deficiente, 2002.

RIBEIRO, M. L. S. **História da educação brasileira**: a organização escolar. São Paulo: Cortez, 1991.

RIBEIRO, M. L. S.; BAUMEL, R. R. C. **Do querer ao fazer**. São Paulo: Avercamp, 2003.

RINALDI, G. et al. (Orgs.). **A educação dos surdos**. Brasília, DF: Ministério da Educação/Secretaria de Educação Especial, 1997.

ROCHA, P. A. M. R. A evolução histórica dos direitos humanos no Brasil. **Pesquisa em Pós-Graduação**, São Paulo, 2002.

RULLI NETO, A. **Direitos do portador de necessidades especiais**. São Paulo: Fiuza Editores, 2002.

SÁ, N. R. L. **Educação de surdos**: a caminho do bilingüismo. Niterói: UFF, 1999.

SASSAKI, R. K. Entrevista. **Revista Integração**, Brasília, DF, v. 8, n. 20, p. 9-17, 1998.

SAVIANI, D. **A nova lei da educação**: trajetória, limites e perspectivas. Campinas: Autores Associados, 1997.

SCOZ, B. **Psicopedagogia e realidade escolar**: o problema escolar e de aprendizagem. Petrópolis: Vozes, 1991.

SILVA, D. R. A questão da soberania em face dos direitos humanos no plano internacional. **Pesquisa em Pós-Graduação**, São Paulo, 2002.

SVERDLICK, I.; FERRARI, P.; JAIMOVICH, A. **Desigualdade e inclusão no ensino superior**: um estudo comparado em cinco paíse da América Latina. Buenos Aires, 2005. (Ensaios y investigaciones, 10).

TANAKA, E. D. O.; MANZINI, E. J. O que os empregadores pensam sobre o trabalho da pessoa com deficiência? **Revista Brasileira de Educação Especial**, Marília, v. 11, n. 2. p. 273-294, mai./ago. 2005.

TORRES, E. F. **As perspectivas de acesso ao Ensino Superior de jovens e adultos da Educação Especial**. 2002. 196 f. Tese (Doutorado) – Programa de Pós-Graduação em Engenharia de Produção da Universidade Federal de Santa Catarina, UFSC, Florianópolis, 2002.

TORRES, R. M. **Educação para todos**: a tarefa por fazer. Porto Alegre: Artmed, 2001.

UNIVERSIDADE FEDERAL DO MARANÃO. Conselho de Ensino, Pesquisa e Extensão. **Resolução nº 501**, de 31 de outubro de 2006. Estabelece o número de vagas ofertadas por curso de graduação nos Processos Seletivos Vestibular 2007 e Gradual (Subprograma 2004-2006). São Luís, 2006.

_____. **Resolução nº 121**, de 17 de dezembro de 2001. Aprova a criação do Núcleo Pró Acessibilidade e Permanência de Pessoas com Deficiência à Educação. Disponível em: <http://www.ufma.br/portalUFMA/arquivo/boZYWHm4X6XtB9a.pdf>. Acesso em: 10 set. 2015.

VIGOTSKY, L. S. **Deféctologie et déficience mental**. Paris: Delachaux et Niestlé S. A, 1994.

WERNECK, C. **Ninguém mais vai ser bonzinho na sociedade inclusiva**. Rio de Janeiro: WVA, 2000.

XAVIER, F. P.; FERNANDES, D. C.; TOMÁS, M. C. Fatores econômicos e estrutura social: a escolaridade como fator explicativo para o diferencial dos salários no Brasil. In: NEVES, J. A.; FERNANDES, D. C.; HELAL, D. H. (Orgs.). **Educação, trabalho e desigualdade social**. Belo Horizonte: Argumentum, 2009. v. 60-95.